Negociação
& Conflitos

O selo DIALÓGICA *da Editora InterSaberes faz referência às publicações que privilegiam uma linguagem na qual o autor dialoga com o leitor por meio de recursos textuais e visuais, o que torna o conteúdo muito mais dinâmico. São livros que criam um ambiente de interação com o leitor – seu universo cultural, social e de elaboração de conhecimentos –, possibilitando um real processo de interlocução para que a comunicação se efetive.*

Negociação & Conflitos

Viviane Maria Penteado Garbelini

Rua Clara Vendramin, 58 – Mossunguê
CEP 81200-170 . Curitiba . PR . Brasil
Fone: (41) 2106-4170
www.intersaberes.com
editora@editoraintersaberes.com.br

Informamos que é de inteira responsabilidade da autora a emissão de conceitos.

Nenhuma parte desta publicação poderá ser reproduzida por qualquer meio ou forma sem a prévia autorização da Editora InterSaberes.

A violação dos direitos autorais é crime estabelecido na Lei n. 9.610/1998 e punido pelo art. 184 do Código Penal.

Foi feito o depósito legal.

1ª edição, 2016.

Conselho editorial

Dr. Ivo José Both (presidente)
Dr.ª Elena Godoy
Dr. Nelson Luís Dias
Dr. Neri dos Santos
Dr. Ulf Gregor Baranow

Editor-chefe ♦ Lindsay Azambuja

Editor-assistente ♦ Ariadne Nunes Wenger

Capa ♦ Alexandre Correa

Projeto gráfico ♦ Roberto Querido

Iconografia ♦ Vanessa Plugiti Pereira

Dados Internacionais de Catalogação na Publicação (CIP)
(Câmara Brasileira do Livro, SP, Brasil)

Garbelini, Viviane Maria Penteado
Negociação e conflitos/Viviane Maria Penteado Garbelini.
Curitiba: InterSaberes, 2016.

　Bibliografia.
　ISBN 978-85-443-0348-1

1. Administração de conflitos 2. Decisões 3. Negociação
I. Título.

15-10378   CDD-658.4052

Índice para catálogo sistemático:
1. Negociação: Administração de empresas   CDD-658.4052

Sumário

Prefácio, 7
Apresentação, 9
Como aproveitar ao máximo este livro, 13

1. O significado e as consequências do conflito, 17

1.1 O conceito de *conflito*, 19 ◆ 1.2 Visões do conflito, 26 ◆ 1.3 Fatores desencadeantes do conflito, 29 ◆ 1.3.1 Conflito de tarefa, 29 ◆ 1.3.2 Conflito de relacionamento, 31 ◆ 1.3.3 Conflito de processo, 32

2. O conflito é bom ou ruim?, 43

2.1 Diferentes percepções do conflito, 45 ◆ 2.2 Conflito funcional, 50 ◆ 2.3 O conflito disfuncional, 52 ◆ 2.4 O processo do conflito: condições que estimulam o conflito, 55 ◆ 2.5 Efeitos do conflito, 59 ◆ 2.6 Estilos de gestão de conflitos, 60

3. O processo de negociação, 73

3.1 O conceito de negociação, 75 ◆ 3.2 Estilos de negociação, 76 ◆ 3.2.1 Preparando-se para uma negociação bem-sucedida, 79 ◆ 3.3 Competências essenciais no processo de negociação, 81 ◆ 3.4 Habilidades básicas em negociação, 88 ◆ 3.5 O poder de barganha, 92 ◆ 3.5.1 O poder de barganha segundo Porter (1980), 93

4. Questões da negociação, 109

4.1 Questões importantes no processo de negociação, 111 ◆ 4.2 Questões relevantes na negociação, 113 ◆ 4.2.1 Personalidade, 114 ◆ 4.2.2 Gênero, 118 ◆ 4.2.3 Cultura, 118 ◆ 4.3 O desenvolvimento da competência negocial, 121

5. Negociação, mediação, conciliação e arbitragem na solução de conflitos, 135

5.1 Estilos de solução de conflitos, 137 ◆ 5.2 Negociação, 139 ◆ 5.3 Conciliação e mediação, 140 ◆ 5.4 Arbitragem, 143

6. Negociação e ética, 157

6.1 A ética nas organizações, 159 ◆ 6.2 Fatores essenciais na negociação, 163 ◆ 6.3 Critérios que levam a decisões éticas, 165

Para concluir..., 181
Referências, 183
Respostas, 193
Sobre a autora, 201

Prefácio

Uma das questões mais recorrentes no âmbito das organizações diz respeito ao processo de negociação, isto porque é neste ato que as decisões se evidenciam como meios possíveis de enfrentamento dos conflitos estabelecidos.

O ato de negociar é um processo decisivo nas organizações, o que exige certo grau de inteligência emocional de seus protagonistas, uma vez que pode ou não oportunizar novas possibilidades associadas à prática das organizações, diante de um cenário demarcado pelas instabilidades, insatisfações, carências e, também, pelas inovações e mudanças estratégicas.

É no "olho do furacão" que reside a predisposição para a resiliência, capaz de alterar a própria forma de compreender e agir na incerteza e na urgência. E isso se revela como uma arte: a arte de negociar.

Se isso é o que você procura efetivar na organização, então esta obra tem muito a contribuir para a concretização dessa nova visão sobre a arte da negociação. Ao utilizar uma linguagem didática e uma metodologia expositiva, fundamentada em estudos de casos e questões reflexivas, a autora provoca o desejo de não apenas ter a informação sobre o processo, mas já praticá-lo, à luz da teoria aqui desenvolvida.

Nesta obra, são aliados esquemas didáticos, que auxiliam na assimilação de conceitos basilares sobre negociação e conflitos. Nesses esquemas, pode-se encontrar a síntese da teoria que melhor descreve o processo envolvido. Tem-se a interação entre os espaços do conhecimento teórico e prático, o que já se torna um diferencial no desenvolvimento da formação profissional.

O campo dedicado à ética é aqui priorizado, o que indica que, em todo ato que envolve relações humanas, os princípios e os valores devem ganhar lugar de destaque. Afinal, não há como falar de negociação se esta estiver distanciada de uma postura ética, que possibilita a transparência, a confiança, o respeito e, acima de tudo, o valor pelo ser humano.

Assim, pode-se dizer que um negociador de sucesso é aquele que, acima de tudo, respalda-se na ética e guarda os princípios porque segue as orientações e vive com integridade. Se isso faz parte de sua vida, então com certeza o êxito lhe encontrará, afinal, como disse o sábio Salomão: "O desejo dos justos tende somente para o bem". Que esta seja sua maior aposta e escolha.

Gleyds Silva Domingues
Junho de 2015.

Apresentação

Em época de calmaria, dificilmente pensamos sobre conflitos, embora estejamos sempre nos questionando sobre o que é o certo ou o errado, sobre que caminho seguir, qual opção escolher, por que estamos em determinado contexto etc. Conflitos internos são inerentes ao homem, assim como os conflitos entre as pessoas, os quais, muitas vezes, independem da dinamicidade do contexto e acontecem com mais frequência do que pensamos. No entanto, os conflitos tornam-se mais significativos e afloram em tempos de mudanças, as quais, por si só, geram certo desconforto até que se estabeleça a adaptação; em decorrência deles, surgem as negociações, visando ao consenso. Sendo assim, conflito e negociação estão presentes intensamente na vida contemporânea, pois vivemos em uma sociedade na qual os valores pessoais são diversos.

Neste livro, são discutidos alguns conceitos de *conflito* e suas características, sem a intenção de abrangê-los em suas inúmeras vertentes, uma vez que são amplos os contextos em que ocorrem. Além disso, são analisados os pontos positivos e negativos dos conflitos nas organizações.

Você também verá algumas abordagens sobre a solução do conflito e suas características por meio de uma visão ampla dos processos de conflito e negociação.

Para que você possa aproveitar ao máximo sua leitura, há nesta obra alguns recursos que poderão auxiliá-lo na compreensão dos conteúdos trabalhados, enriquecendo, assim, o seu aprendizado.

No início de cada capítulo, você encontrará uma pequena introdução dos assuntos tratados, de modo a situá-lo sobre seus objetos de estudo. Em seguida, você verá os objetivos do capítulo, ou seja, o que esperamos que você domine ao final de sua leitura. Ao final de cada capítulo, há um estudo de caso relacionado ao assunto trabalhado, assim como um questionamento sobre o caso apresentado.

Para reforçar sua aprendizagem, após a síntese do capítulo, há um pequeno teste com algumas questões que envolvem o conteúdo trabalhado. Em seguida, você encontrará uma ou duas questões para reflexão, retiradas de provas do Enade e de outros concursos, que contribuirão para sua aprendizagem.

Finalmente, após essas questões, há uma seção denominada *Para saber mais*, na qual indicamos alguns *sites*, livros e filmes que complementarão e enriquecerão sua aprendizagem.

Assim, esta obra está dividida em seis capítulos. No primeiro, você terá contato com conceitos de *conflito* sob a ótica de diferentes autores, além das diferentes visões e alguns fatores desencadeantes desse tema.

Quando ouvimos falar sobre *conflito*, sempre imaginamos algo negativo, mas é válido ressaltar que ele não se constitui necessariamente em uma ocorrência indesejável e pode ser relevante para o crescimento da organização. Nesse sentido, no segundo capítulo, você poderá identificar os pontos positivos e negativos do conflito nas organizações e suas consequências, bem como algumas condições que estimulam conflitos e seus efeitos.

Negociar tornou-se um processo-chave no meio empresarial em virtude das novas demandas econômicas e sociais, da abertura de novos mercados e do aumento da concorrência, estimulando o desenvolvimento da criatividade e a permanência das empresas no mercado globalizado. Esse será o assunto que você vai conhecer no terceiro capítulo, além de alguns estilos utilizados nos processos de negociação e as habilidades e competências essenciais para que se possa negociar com sucesso.

No quarto capítulo, você entenderá que o processo de negociar envolve algumas questões relevantes, as quais, muitas vezes, são negligenciadas ou deixadas em segundo plano, dificultando o processo de negociação – por exemplo, a personalidade do negociador e sua influência para a efetivação do processo, a questão de gênero com enfoque nas características masculinas e femininas para a negociação e, por fim, a cultura ou as diferenças culturais e sua influência na negociação.

No quinto capítulo, perceberá que a negociação, a conciliação, a mediação e a arbitragem são métodos alternativos de solução de conflitos, que não envolvem necessariamente a instância do Poder Judiciário. A gestão do conflito por meio da mediação, da conciliação ou da arbitragem exige, no entanto, a participação de um conciliador (gestor) para auxiliar nos processos conflituosos.

A ética é considerada um conjunto de valores que norteiam a ação do homem, definindo o que é certo ou errado, em busca do bem-estar social, evitando, assim, o caos. Por isso, o sexto capítulo aborda a ética no processo de negociação, tão necessária para o desenvolvimento humano.

Desejamos uma boa leitura e um ótimo desempenho em sua vida pessoal e profissional, sobretudo em situações que envolvam resoluções de conflitos.

Como aproveitar ao máximo este livro

Este livro traz alguns recursos que visam enriquecer o seu aprendizado, facilitar a compreensão dos conteúdos e tornar a leitura mais dinâmica. São ferramentas projetadas de acordo com a natureza dos temas que vamos examinar. Veja a seguir como esses recursos se encontram distribuídos na obra.

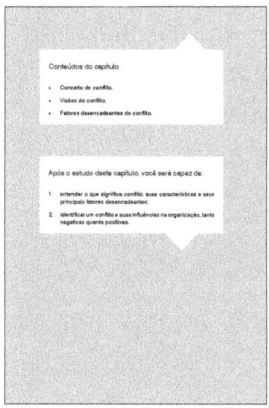

Conteúdos do capítulo
Logo na abertura do capítulo, você fica conhecendo os conteúdos que serão abordados.

Após o estudo deste capítulo, você será capaz de:
Você também é informado a respeito das competências que irá desenvolver e dos conhecimentos que irá adquirir com o estudo do capítulo.

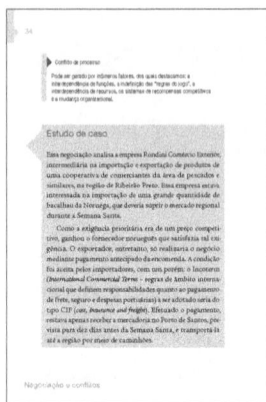

Estudo de caso
Esta seção traz ao seu conhecimento situações que vão aproximar os conteúdos estudados de sua prática profissional.

Síntese
Você dispõe, ao final do capítulo, de uma síntese que traz os principais conceitos nele abordados.

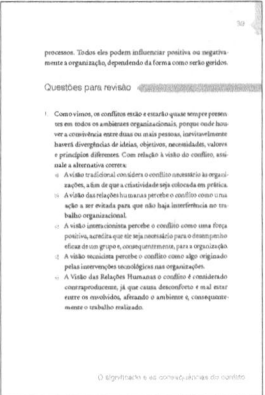

Questões para revisão
Com estas atividades, você tem a possibilidade de rever os principais conceitos analisados. Ao final do livro, a autora disponibiliza as respostas às questões, a fim de que você possa verificar como está sua aprendizagem.

Questões para reflexão
Nesta seção, a proposta é levá-lo a refletir criticamente sobre alguns assuntos e a trocar ideias e experiências com seus pares.

Para saber mais
Você pode consultar as obras indicadas nesta seção para aprofundar sua aprendizagem.

O significado e as consequências do conflito

Conteúdos do capítulo:

- Conceito de *conflito*.
- Visões do conflito.
- Fatores desencadeantes do conflito.

Após o estudo deste capítulo, você será capaz de:

1. entender o que significa *conflito*, suas características e seus principais fatores desencadeantes;
2. identificar um conflito e suas influências na organização, tanto negativas quanto positivas.

Sabemos que os conflitos acontecem em todos os meios nos quais encontramos pessoas com interesses, pensamentos e objetivos diferentes. Mas o que, afinal, são os conflitos? Como podemos conceituá-los e quais são seus reflexos nas pessoas e nas organizações?

Uma vez que vivemos em sociedade e nos relacionamos com pessoas com características diversas, com formações, princípios e valores diferentes, temos de estar cientes de que os conflitos surgirão a todo o momento.

Em épocas de estagnação, em uma sociedade estável, dificilmente se falará em conflitos – embora, como já ressaltamos, eles existirão, de modo intrapessoal ou interpessoal, onde houver pessoas. Contudo, eles surgem mais frequentemente em tempos de mudanças, de globalização, por isso, é importante que entendamos os prós e os contras dos conflitos e, sobretudo, como gerenciá-los, para que possamos tirar melhor proveito deles.

Neste primeiro capítulo, abordaremos o significado de conflito, os fatores que o desencadeiam e suas principais consequências.

1.1 O conceito de *conflito*

Desde seu surgimento e durante seu desenvolvimento, o ser humano buscou se organizar em sociedade para defender seus interesses e necessidades, o que possibilitou a perpetuação da espécie. No entanto, essa convivência em sociedade originou o embate de interesses, as necessidades diferentes e as divergências de opiniões – o que hoje denominamos *conflito*. Portanto, os conflitos existem desde o início da humanidade e fazem parte do processo evolutivo do ser humano.

Conflito, segundo o Dicionário *On-line* (2015), significa "oposição de interesses, sentimentos, ideias. Luta, disputa, desentendimento. Briga, confusão, tumulto, desordem".

> Os conflitos surgem quando existem discordâncias de opiniões e/ou perspectivas divergentes entre as instituições sociais (pessoas, grupos, organizações). Portanto, para que haja conflito, é preciso que pessoas tenham interesses diversificados ou desenvolvam atividades incompatíveis com os interesses de outras, as quais não se complementam ou não podem existir simultaneamente, originando disputa entre as partes envolvidas.

Para Glinow e McShane (2014, p. 289), o conflito é:

> Um processo no qual uma parte percebe que seus interesses estão sendo contrariados ou afetados negativamente pela outra parte. Ele pode ocorrer quando uma parte obstrui outra de alguma forma na busca de seus objetivos ou simplesmente quando uma parte percebe a situação dessa maneira. Em última análise, o conflito se baseia em percepções; ele existe sempre que uma parte acredita que a outra pode obstruir seus esforços, independentemente desta pretender de fato obstruí-la ou não.

Portanto, conflitos acontecem quando duas ou mais pessoas se encontram e buscam fazer valer opiniões divergentes, não havendo cessão de nenhum dos lados, tornando-se, então, um embate pessoal.

Desse modo, entendemos que conflitos sempre existiram e existirão, já que os seres humanos são inerentemente dotados de formações diferentes, valores e princípios desiguais – embora, generalizando, possamos dizer que há, também, objetivos comuns, como viver plenamente na face da Terra, a fim de atingir o sucesso pessoal e profissional.

Sendo inerentes aos seres humanos, os conflitos sempre foram alvos de discussão entre os pesquisadores. Para Almeida, (2008, p. 4), "Um conflito é mais que um desacordo, que uma discordância entre os membros de um grupo: implica um elevado envolvimento na situação, a emergência de uma certa intensidade de emoções e a percepção da existência de oposição e de tensão entre as partes".

Chiavenato (2014, p. 275), por sua vez, diz que:

> A palavra conflito está ligada a [sic] discórdia, divergência, dissonância, controvérsia ou antagonismo [...], o conflito existe quando uma das partes [...] interfere na parte que procura atingir seus objetivos. A interferência pode ser ativa – mediante ação para provocar obstáculos, bloqueios ou impedimentos – ou passiva – mediante omissão.

Podemos citar ainda Thomas (1992, p. 653), para quem "o conflito é o processo que começa quando uma das partes percebe que a outra parte o afetou de forma negativa, ou que a irá afetar de igual forma".

Essa definição de Thomas (1992) envolve três características:

1. **O conflito tem que ser percebido, senão, não existe conflito**: A existência do conflito está diretamente ligada à sua percepção, por uma ou por ambas as partes envolvidas. Caso contrário,

mesmo que a situação presente estimule o conflito, ele não acontecerá.
2. **Tem de haver interação**: Notamos que o conflito ocorre quando duas ou mais pessoas estão reunidas em um ambiente comum, seja ele real, seja virtual. Portanto, se não há interação entre as pessoas, não haverá conflito.
3. **Tem de haver incompatibilidade entre as partes**: Todo conflito é gerado quando não há entendimento entre as partes envolvidas, ou seja, quando os desejos são contrários ou excludentes.

Nesse sentido, podemos concordar com Figueiredo (2012, p. 25), quando diz que o conflito "é um fenômeno social, multidimensional, parte integrante da existência humana, essencial para o processo evolutivo da humanidade e para a transformação social".

Pruitt e Rubin (1986, p. 4) definem *conflito* como "uma divergência de interesses ou da crença em que as aspirações das partes não podem ser atingidas simultaneamente".

O conflito, para alguns dos autores citados, era percebido como algo a ser evitado e quase sempre prejudicial a todos os envolvidos. Sendo assim, há alguns anos, não havia foco em seu gerenciamento, mas em sua eliminação, por ser considerado, sobretudo, contraproducente. Ao longo dos anos, essa visão cedeu espaço a uma concepção contemporânea sobre o conflito, o que podemos perceber na conceituação de Chiavenato (2004) e Figueiredo (2012), os quais descrevem o conflito não mais como algo prejudicial às organizações, mas como algo dinâmico, instigador de disputas sadias, levando à criatividade, à inovação e, consequentemente, ao aumento da produtividade.

Para essa nova concepção, o conflito, para ser construtivo, deve ser gerenciado de modo a se tornar tão positivo quanto possível, assunto que veremos mais adiante. Assim, o gerenciamento ou a negociação do conflito teve vertente destacada em meados do século XX.

Figueiredo (2012, p. 26), ao falar sobre o conflito, diz que:

> Em suma, algum consenso foi erigido em torno da ideia que nem o marasmo nem as arenas de veemente conflito são vantajosos: um patamar intermédio de conflito concorre para os benefícios organizacionais e individuais. Portanto, o conflito é inerente à nossa sociedade, faz parte da essência do ser humano, é comum nas relações humanas em geral.

Rodríguez e Serrano (1993, p. 97) consideram que o conflito "é um encontro entre duas ou mais linhas de força, com direções convergentes e sentidos opostos, resultando deste encontro a necessidade de uma gestão eficaz da situação, de modo a ser retirado algo de positivo dela".

Em outras palavras, o conflito surge quando existem interesses e visões antagônicas entre vários indivíduos, equipes ou organizações, gerando, muitas vezes, sentimentos de estranheza e hostilidade entre as partes, até que a situação seja resolvida. Nesse processo, as partes veem-se como oponentes e concorrentes até que haja uma resolução do foco gerador.

McIntyre (2007, p. 298) considera que "o desenvolvimento do conflito é um processo dinâmico no qual as partes se influenciam mutuamente", em que uma das partes percebe que existe uma situação potencial de conflito (incompatibilidade de objetivos e oportunidade de interferência) passa a desenvolver sentimentos de conflito em relação à outra, e passa a agir de acordo com esses sentimentos [...]. Este tipo de ação de uma das partes conduz a uma determinada defesa ou reação de outra parte. (McIntyre, 2007, p. 298)

O conflito é classificado de acordo com a percepção das pessoas em relação a ele:

- **Conflito percebido ou latente**: É percebido logo que se apresenta e as partes compreendem que ele existe quando seus interesses são diferentes dos interesses da outra parte. É denominado *percebido* ou *latente* porque existe potencialmente e se faz claro aos olhos de quem o vivencia. É um conflito claro e aberto.
- **Conflito experenciado ou velado**: É o conflito dissimulado, mas bem presente, vivenciado com certa hostilidade entre as partes envolvidas, mas, ainda, latente entre os indivíduos em conflito. Ainda que real, não é revelado.
- **Conflito manifesto ou aberto**: Como o próprio nome indica, é percebido e manifestado não só entre os envolvidos, mas no grupo em que acontece, gerando, muitas vezes, mal-estar no ambiente. Esse tipo de conflito pode gerar inúmeros outros conflitos secundários, uma vez que se torna público, envolvendo não só quem faz parte dele, mas também todos aqueles que os rodeiam. Esse tipo de conflito manifesta-se sem dissimulação.

Para Chiavenato (2014, p. 278), "o conflito pode ser generalizado em uma organização, mas também pode ser estritamente localizado e limitado. Assim, existem vários níveis de abrangência de conflitos", como mostra a figura a seguir.

Figura 1.1 – Níveis de abrangências de conflitos

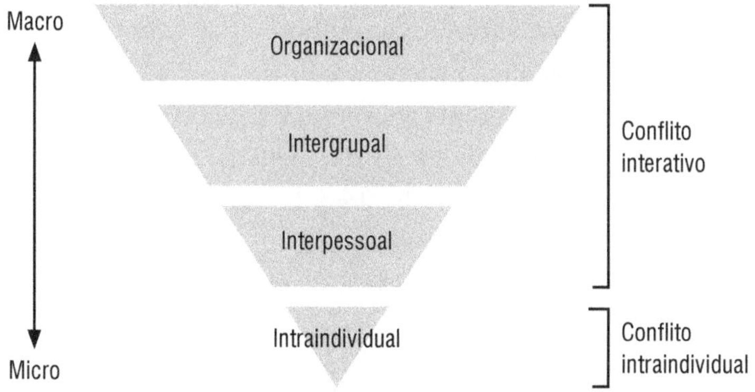

Macro / Micro

- Organizacional
- Intergrupal
- Interpessoal
- Intraindividual

Conflito interativo (Organizacional, Intergrupal, Interpessoal)
Conflito intraindividual

Fonte: Chiavenato, 2014, p. 278.

Para Chiavenato (2014, p. 279), o **conflito intergrupal**, como a própria designação demonstra, caracteriza-se por um conflito entre grupos diferentes, em que um grupo ou mais pode tentar bloquear a realização das metas de outro grupo.

O **conflito interpessoal** representa o conflito existente entre duas ou mais pessoas quando há interesses e objetivos antagônicos. Por fim, o **conflito intraindividual** ocorre internamente e, por isso, é intrínseco, individual. Acontece quando lutamos com nossos interesses, dúvidas, indecisões etc.

1.2 Visões do conflito

O conflito pode ser entendido de forma diferente, dependendo da perspectiva com que é observado. Robbins (2002) apresenta três abordagens para o conflito, dispostas a seguir:

1. **Visão tradicional**: Todo conflito era considerado ruim e, portanto, deveria ser evitado. O conflito era visto como uma caraterística negativa no processo administrativo, sendo, por essa razão, contraproducente e resultante de falhas na comunicação e da falta de confiança entre as pessoas; portanto, poderia ser decorrente de uma falha dos administradores ao gerir as necessidades e as aspirações de seus funcionários. Nessa visão, o conflito indicaria disfunção no grupo ou na organização e era visto como desnecessário e prejudicial à empresa e às pessoas que dela fazem parte, resultando sempre em algo negativo à organização, provocando o desvio do foco no trabalho para atender o conflito gerado. A visão tradicional prevaleceu de forma intensa nas décadas de 1930 e 1940.

2. **Visão das relações humanas**: O conflito é percebido como uma consequência natural e inevitável quando existem pessoas com ideias, necessidades e atitudes diferentes trabalhando no mesmo ambiente. Nessa visão, os conflitos são inerentes às relações sociais, não sendo necessariamente ruins; podem ser considerados uma força positiva que impulsiona o desempenho do grupo e da produtividade. A visão das relações humanas dominou a teoria sobre conflitos do final dos anos 1940 até a metade da década de 1970, embora contemporaneamente ainda seja considerada em algumas organizações.

3. **Visão interacionista**: É a abordagem mais recente, para a qual, além de uma força positiva, o conflito é considerado necessário para o desempenho eficaz de um grupo e, consequentemente, para a organização, impulsionando a criatividade e a inovação e aumentando, assim, a produtividade. Nessa visão, os gestores são incentivados a provocar, ainda que de forma leve, um clima de conflito na organização, suficiente para tornar os colaboradores autocríticos e criativos. No entanto, pode se tornar um problema, caso o conflito saia do controle de quem o gerencia. Exige habilidades e competência do gestor, no sentido de controlar o grau e as consequências do conflito gerado.

Para Burbridge e Burbridge (2012, p. 23), "conflitos são naturais, e em muitos casos, necessários. São o motor que impulsiona as mudanças. [...] No entanto, muitos conflitos são desnecessários e destroem valores, causando prejuízo para as organizações e para as pessoas que nelas trabalham".

Pensar em uma empresa sem conflitos é irreal e utópico, pois as organizações são formadas por pessoas e estas, por sua vez, têm valores, princípios, necessidades, expectativas, pluralidade de interesses e formações diferentes. Portanto, se não é possível viver sem conflito, é fundamental saber administrá-lo, gerenciá-lo e resolvê-lo, caso contrário, o espírito de equipe e de cooperação pode ficar comprometido, ocasionando problemas relevantes a todos os envolvidos.

Nesse cenário, podemos apresentar a Figura 1.2 como ilustração.

Figura 1.2 – Três abordagens para o conflito

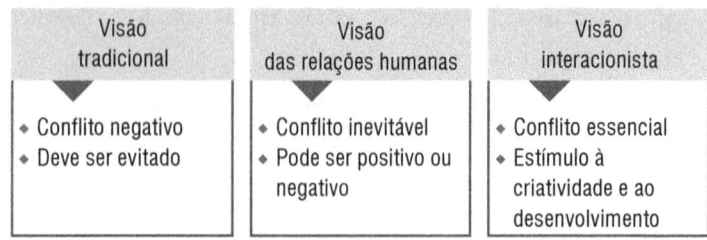

Como já vimos antes, quando os conflitos são intrapessoais, eles são próprios das pessoas e gerados pelos seus pensamentos e sentimentos, suas histórias de vida; já o conflito interpessoal é o conflito existente entre diferentes pessoas e existem por razões diversas, influenciadas por pensamentos, valores e princípios; por fim, os conflitos organizacionais são gerados por normas e condutas organizacionais, típicos de cada organização, desdobrando-se em muitos outros pontos.

Figura 1.3 – Tipos de conflitos

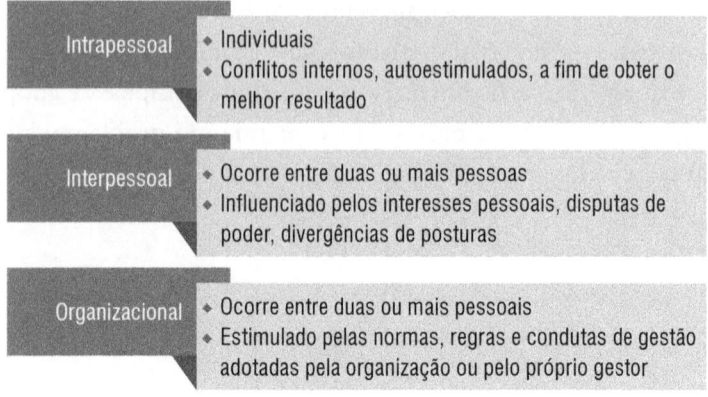

Em outras palavras, os conflitos intrapessoais originam-se em conflitos internos e surgem em virtude de nossas escolhas, pensamentos e livre arbítrio; os interpessoais ocorrem entre pessoas pertencentes a determinado grupo e são estimulados pelas diferenças pessoais, de papéis, de conhecimento ou de formação; já os organizacionais ocorrem em decorrência de comunicação falha ou pelas normas e regras impostas pela organização. No entanto, qualquer que seja sua origem, o conflito organizacional deve ser gerenciado, a fim de se evitar embates futuros, dispersão do foco e perda de tempo, que prejudicam o alcance dos objetivos esperados.

1.3 Fatores desencadeantes do conflito

Existem inúmeros fatores que desencadeiam conflitos. Os conflitos organizacionais podem ser originados por meio de alguns fatores específicos que, de acordo com Robbins (2009), são denominados *conflito de tarefa, de relacionamento* e de *processo*.

Para entender um pouco melhor o que representa cada um deles, veja as definições a seguir.

1.3.1 Conflito de tarefa

O foco principal do conflito de tarefa está no modo como as partes envolvidas percebem e conduzem as atividades que devem ser desenvolvidas, os diferentes entendimentos em relação a como executar uma tarefa. Esse tipo de conflito é comum, visto que pessoas que trabalham juntas e que convivem diariamente apresentam valores e princípios, formações e condutas distintos e, por isso, tendem a não se entender em alguns momentos. A negociação de conflitos, para Almeida (2008, p. 7), engloba:

> Situações de tensão vividas no grupo, devido à presença de diferentes perspectivas em relação à execução de uma tarefa. A existência de desacordos entre os elementos de um grupo quanto à melhor forma de alcançar os objetivos comuns é inevitável, pois um grupo é constituído por indivíduos que percebem a realidade de diferentes maneiras. A identificação das diferentes formas de pensar a mesma realidade, bem como a sua utilização combinada, permite maximizar o desempenho, pois é esperado que "duas cabeças pensem melhor que uma" e que a síntese que resulta de um confronto de ideias seja mais rica que uma ideia considerada isoladamente. Promove a identificação dos membros com a equipe e, sobretudo, com as suas decisões. O fato das ideias de todos os membros serem ouvidas e debatidas permite que este seja percebido como justo pelo grupo e facilita a responsabilização de cada membro pelas decisões tomadas.

O conflito de tarefas pode ser considerado um **conflito funcional**, na medida em que **melhora o comprometimento** dos indivíduos com os resultados alcançados, para que conduzam suas ações no sentido de obter os resultados esperados. Muitas vezes, as diferenças entre pensamentos e ações que serão aplicadas na execução de tarefas acabam possibilitando novas formas de realização, podendo ser mais criativas e diferenciadas.

No entanto, esse tipo de conflito é disfuncional quando mina o relacionamento interpessoal entre os membros do grupo e diminui os laços entre as pessoas, fazendo com que, consequentemente, as interações existentes entre elas sejam afetadas negativamente, o que abala o desempenho grupal e atrasa e desvia o foco da atividade a ser desenvolvida.

1.3.2 Conflito de relacionamento

Conflitos de relacionamento, também conhecidos como *conflitos socioemocionais*, são os mais frequentes, ainda que apareçam, muitas vezes, de forma velada, pois conviver com pessoas educadas em famílias diferentes, com formações diversas, não é tarefa fácil.

Normalmente surgem em decorrência de incompatibilidades interpessoais, discordâncias de ideias, disputa de poder e conhecimentos discrepantes entre as partes envolvidas. Nesse tipo de conflito, há um desequilíbrio de emoções, pois ele gera desconfiança, questionamento de competências, entre outras ações. Constitui-se de um verdadeiro jogo de interesses divergentes que comprometem a postura profissional e pessoal dos envolvidos, gerando, algumas vezes, o assédio moral, em que um lado sairá sempre mais debilitado do que o outro.

> Dentro da ótica da dimensão do relacionamento humano, temos outras situações ou fatores que provocam a existência dos conflitos, como: a autoestima pessoal, a sinceridade, a autoridade, os costumes, a liberdade, a confiança, a competição, a ansiedade, a ambição, a frustração, os sentimentos e, por fim, a própria visão de vida pessoal. *(Paz, 2009, p. 1)*

Por essa razão, o conflito de relacionamento é sempre disfuncional e não contribui para o desenvolvimento pessoal e organizacional. É válido ressaltar ainda que, quando não trabalhado ou gerenciado de forma adequada pelo gestor, esse tipo de conflito gerará mal-estar constante entre os envolvidos, comprometendo o ambiente de trabalho e contaminando seu entorno.

1.3.3 Conflito de processo

De acordo com Almeida (2008), existem muitas situações que podem originar conflitos em uma organização. Dentre elas, podemos destacar:

- **Interdependência de funções**: Atividades de um grupo que podem ser afetadas por outros, assim como podem afetar outros tantos, regras mal definidas e diferentes percepções relativas à cultura da empresa.
- **Indefinição das "regras do jogo"**: Situações ambíguas, indefinição e falta de estruturação causam diversas interpretações.
- **Interdependência de recursos**: Se houver escassez de recursos bastante desejados, é muito provável que ocorra conflito.
- **Sistemas de recompensas competitivos**: Gerados à medida que as partes ou os grupos da organização percebem que, para que uma ganhe, a outra tem de perder.
- **Mudança organizacional**: As modificações na organização, em geral, trazem ansiedades e geram inseguranças.

Percebemos que esse tipo de conflito é mais abrangente, pois envolve pessoas alocadas dentro de um sistema mais amplo na empresa, razão por que é denominado *conflito de processo*.

Os conflitos são desencadeados por algumas ações relevantes. No entanto, se ficarmos preocupados com sua prevalência na organização, isso poderá encobrir ações importantes voltadas à cooperação e à harmonia, que devem caracterizar a vida organizacional e da sociedade em geral.

> O termo *conflito* é sempre utilizado para descrever diferenças individuais e grupais entre os seres humanos. Se as diferenças não forem tratadas adequadamente, as pessoas envolvidas dificilmente se unirão em compreensão e cooperação. No entanto, se bem tratadas e bem direcionadas, as diferenças resultarão em iniciativas criativas e estimulantes, ações primordiais para o progresso. Como gestores, é essencial que sejamos capazes de lidar com o conflito em um ambiente de diferenças individuais e de grupo.

Em síntese, podemos dizer que o conflito organizacional classifica-se em: *conflito de tarefas, de relacionamento* e *de processos*. Para melhor esclarecimento, veja a Figura 1.4, que ilustra as classificações abordadas neste capítulo.

Figura 1.4 – Esquema de classificação de conflitos

▶ Conflito de tarefa

Foco no modo como as partes envolvidas conduzem as atividades a serem executadas e nos diferentes entendimentos em relação à execução de uma tarefa.

▶ Conflito de relacionamento

Surgem por incompatibilidades interpessoais, discordâncias de ideias, disputa de poder, conhecimentos discrepantes entre as partes envolvidas.

▶ Conflito de processo

Pode ser gerado por inúmeros fatores, dos quais destacamos: a interdependência de funções, a indefinição das "regras do jogo", a interdependência de recursos, os sistemas de recompensas competitivos e a mudança organizacional.

Estudo de caso

Essa negociação analisa a empresa Rondini Comércio Exterior, intermediária na importação e exportação de produtos de uma cooperativa de comerciantes da área de pescados e similares, na região de Ribeirão Preto. Essa empresa estava interessada na importação de uma grande quantidade de bacalhau da Noruega, que deveria suprir o mercado regional durante a Semana Santa.

Como a exigência prioritária era de um preço competitivo, ganhou o fornecedor norueguês que satisfazia tal exigência. O exportador, entretanto, só realizaria o negócio mediante pagamento antecipado da encomenda. A condição foi aceita pelos importadores, com um porém: o Incoterm (*International Commercial Terms* – regras de âmbito internacional que definem responsabilidades quanto ao pagamento de frete, seguro e despesas portuárias) a ser adotado seria do tipo CIF (*cost, insurance and freight*). Efetuado o pagamento, restava apenas receber a mercadoria no Porto de Santos, prevista para dez dias antes da Semana Santa, e transportá-la até a região por meio de caminhões.

Na última hora, os exportadores noruegueses comunicaram que haveria um atraso de sete dias na entrega da mercadoria, sendo esta entregue, então, três dias antes da Semana Santa. Apesar de tudo, os exportadores aceitaram, pois não tinham outra opção.

A mercadoria chegou dentro do novo prazo previsto, porém ficou retida no porto devido à greve, por prazo indeterminado, adiando a liberação do produto para vinte dias depois da Semana Santa.

Por ser um produto sazonal, após a Semana Santa o consumo cairia drasticamente, o que significaria dificuldade de vender todo o produto importado. Essa demora acarretaria sérios problemas de liquidez para a cooperativa, já que esta não teria a receita esperada com a venda do bacalhau e, ao mesmo tempo, enfrentaria problemas referentes aos custos de armazenamento muito altos.

Na tentativa de obter uma solução favorável para as partes envolvidas, a Rondini negociou com os noruegueses, que se preocupavam em manter a boa imagem no mercado global, e com a cooperativa, solicitando o ressarcimento da quantia paga antecipadamente.

Como a devolução da mercadoria era inviável, devido à continuidade da greve e aos altos custos de frete, sugeriu-se a busca de opções de ganhos mútuos, as que satisfizessem os interesses de ambas as partes, ou seja, a distribuição de quase toda a mercadoria, via transporte rodoviário, para a região centro-sul do país, com prioridade para aquelas de maior concentração de descendentes de imigrantes portugueses, grandes consumidores de bacalhau, sendo o custo do transporte arcado pelos noruegueses.

Na região de Ribeirão Preto, o produto seria vendido por preço 10% superior ao combinado, sendo, ainda assim, valor competitivo no mercado nacional, estabelecendo-se que a acréscimo de 10% na receita seria dividido igualmente entre a cooperativa e os exportadores.

Analisando a negociação, pode-se constatar que o importador falhou quando tinha como única opção o exportador norueguês. O ideal seria criar várias alternativas e estabelecer a sua MAANA (Melhor Alternativa à Negociação de um Acordo), ou seja, várias opções possíveis e o mínimo que poderia ser aceito para, no caso de uma opção não dar certo, ter-se outra à mão ou, mesmo, ter condições de exigir melhores acordos. Por exemplo, o importador poderia negociar com o norueguês a questão de pagar antecipado, se tivesse outro fornecedor do produto que aceitasse pagamento na data de entrega do produto.

A questão do tempo é fator primordial para a negociação, já que se trata de produto perecível e de consumo sazonal, sendo necessária a venda até determinado momento; caso contrário, perde-se a produto. Isso concorre para que o acordo realizado não seja verdadeiramente o melhor, já que as decisões e os acordos devem ser tomados rapidamente, talvez deixando escapar uma melhor análise de determinado ponto, mais favorável à situação.

Embora a negociação tivesse sido apressada, a empresa intermediadora procurou negociar com exportadores noruegueses e importadores brasileiros, baseada nos interesses de cada um, já que sabia de suas necessidades (poder de conhecer as necessidades), buscando opções de ganhos mútuos. Esse intermediador, apesar de também ter interesses econômicos num bom acordo entre exportador e importador, serviu como uma terceira pessoa para encaminhar a solução mais viável aos envolvidos, não favorecendo nenhum dos lados. O poder da legalidade também esteve presente quando do firmamento do negócio, no qual foi utilizada a condição Incoterm (*International Commercial Terms*).

Nesse contexto, é possível ressaltar que os conflitos originados durante as negociações são solucionados na forma de "resolução do conflito". Essa tentativa de solucionar o conflito procura desenvolver a criatividade, trazendo novas ideias para a negociação a fim de se estabelecer os objetivos a serem atingidos, dando ênfase à ação, ao movimento e ao cumprimento do acordo e valorizando a flexibilidade dos negociadores.

Além disso, a solução do conflito busca um compromisso, que faz com que cada parte ceda um pouco para não haver prejuízos maiores. A empresa norueguesa cede ao pagar o frete do produto estocado e a empresa brasileira que estava comprando o produto aumenta um pouco o preço deste para dividir os lucros igualmente com os exportadores e a cooperativa. Há um enfoque de barganha para lidar com o conflito.

Fonte: Adaptado de Negociação e Solução de Conflitos, 2007c.

> **Questão**
>
> Você acredita que o direcionamento dado para a resolução do problema relatado neste estudo de caso foi adequado? Como você faria a negociação, com base no problema do estudo de caso, se estivesse à frente da importadora?

Síntese

Neste capítulo, explicamos o conceito de *conflito* e por que ele ocorre. Você pôde perceber que conflitos existirão, em menor ou maior grau e por diversas razões, onde houver pessoas. As visões relacionadas ao conflito evoluíram ao longo dos anos: Primeiro, havia a visão tradicional, que tratava o conflito como algo prejudicial à empresa e que por isso deveria ser eliminado. Depois, tivemos a visão das relações humanas, que percebia o conflito como consequência natural e não necessariamente ruim. Por fim, a visão interacionista, que trata o conflito como algo positivo e necessário, na medida em que impulsiona a criatividade e a evolução, mexendo com a estagnação das pessoas e dos processos.

Analisamos também alguns fatores que podem desencadear um conflito, abordando três desses fatores observados nas organizações: o conflito de tarefas, de relacionamento e de processos. Todos eles podem influenciar positiva ou negativamente a organização, dependendo da forma como serão geridos.

Questões para revisão

1. Como vimos, os conflitos estão e estarão quase sempre presentes em todos os ambientes organizacionais, porque onde houver a convivência entre duas ou mais pessoas, inevitavelmente haverá divergências de ideias, objetivos, necessidades, valores e princípios diferentes. Com relação à visão do conflito, assinale a alternativa correta:
   a) A visão tradicional considera o conflito necessário às organizações, a fim de que a criatividade seja colocada em prática.
   b) A visão das relações humanas percebe o conflito como uma ação a ser evitada para que não haja interferência no trabalho organizacional.
   c) A visão interacionista percebe o conflito como uma força positiva, acredita que ele seja necessário para o desempenho eficaz de um grupo e, consequentemente, para a organização.
   d) A visão tecnicista percebe o conflito como algo originado pelas intervenções tecnológicas nas organizações.
   e) A Visão das Relações Humanas considera o conflito contraproducente, já que causa desconforto e mal-estar entre os envolvidos, afetando o ambiente e, consequentemente, o trabalho realizado.

2. Existem inúmeros fatores desencadeantes do conflito. Os conflitos organizacionais podem ser originados tendo como foco alguns fatores específicos, como o conflito de tarefa, de relacionamento e de processo. Com base nisso, observe as afirmativas a seguir:

I. O conflito é uma ocorrência natural e inevitável nos grupos e nas organizações, podendo, se bem gerenciado, ser positivo.
II. O conflito de relacionamento se refere às discordâncias e divergências quanto à forma de realizar uma tarefa.
III. O conflito de relacionamento é sempre positivo, contribuindo para o desenvolvimento pessoal e organizacional.

Está(ão) correta(s) a(s) afirmativa(s)

a) I, apenas.
b) II, apenas.
c) III, apenas.
d) I e III, apenas.
e) II e III, apenas.

3. Existem três tipos de conflitos: de tarefa, de relacionamento e de processo. O conflito de processo:
   a) está relacionado ao modo de execução do trabalho.
   b) está relacionado às diferenças de execução das ações.
   c) está fundamentado em sistema de princípios e valores pessoais.
   d) está relacionado ao conteúdo e às metas do trabalho.
   e) envolve o sistema produtivo, diminuindo a participação da organização no mercado.

4. Ao avaliarmos as diferentes visões de conflitos, podemos perceber que, em uma organização que busca a inovação e a criatividade, o conflito deve ser considerado desejável ou indesejável? Justifique sua resposta.

5. (Adaptado de Fundação Cesgranrio – Casa da Moeda – Analista RH – 2009) A existência de conflitos é inevitável nas organizações. Por isso, o gestor pode identificar formas de prevenção de conflitos, conhecendo condições que, via de regra, conduzem a situações conflituosas. Uma dessas condições é a interdependência de atividades. Explique o que representa essa interdependência.

Questões para reflexão

1. Com base nos estudos deste capítulo, você pôde perceber que, de acordo com Burbridge e Burbridge (2012), os conflitos são naturais e algumas vezes necessários. São eles que impulsionam as mudanças. No entanto, outros conflitos são desnecessários e destroem valores, causando prejuízos organizacionais e pessoais. Você acredita que os conflitos existentes nas organizações têm realmente impulsionado o crescimento pessoal e organizacional? Por quê?

2. Os conflitos intrapessoais são internos e gerados quando nossos pensamentos, ações, desejos e inquietações entram em dissonância. O conflito interpessoal ocorre entre indivíduos, quando duas ou mais pessoas encaram uma situação de maneira diferente. Por fim, os conflitos organizacionais são gerados por normas e condutas organizacionais e desdobram-se em muitos outros pontos. Há como separar os diferentes tipos de conflitos nas organizações ou eles se integram, dificultando identificar a sua razão principal e, consequentemente, sua resolução?

Para saber mais

MADER, J. **Resolução de conflitos**. 2009. Disponível em: <https://www.fc.ul.pt/sites/default/files/fcul/institucional/gapsi/Resolucao_de_Conflitos.pdf>. Acesso em: 14 jul. 2015.

O texto aborda de modo sucinto e objetivo os passos essenciais para a resolução de conflitos.

BASTOS, A. V. B.; SEIDEL, T. T. O conflito nas organizações: a trajetória de sua abordagem pelas teorias organizacionais. **Revista de Administração**, São Paulo, v. 27, n. 3, p. 48-60, jul./set. 1992. Disponível em: <http://www.rausp.usp.br/download.asp?file=2703048.pdf>. Acesso em: 14 jul. 2015.

Esse artigo analisa o tratamento dado à questão de conflito nas organizações de acordo com as principais teorias organizacionais. Descreve o conceito e os tipos de conflitos investigados, os determinantes do conflito e como lidar com esses fatores.

O conflito é bom ou ruim?

Conteúdos do capítulo:

- Diferentes percepções do conflito.
- Conflito funcional.
- Conflito disfuncional.
- Processo do conflito: condições que estimulam o conflito.
- Efeitos do conflito.
- Estilos de gestão de conflitos.

Após o estudo deste capítulo, você será capaz de:

1. compreender as características de um conflito positivo e de um conflito negativo;
2. identificar o conflito funcional e o conflito disfuncional nas organizações;
3. reconhecer as consequências de conflitos negativos ou positivos para as organizações.

Assim como observamos e vivenciamos conflitos diferentes, também podemos senti-los positiva ou negativamente, dependendo da perspectiva pela qual os analizamos. No entanto, nem sempre o conflito foi visto como positivo nas organizações, sobretudo na visão tradicional, como vimos no capítulo anterior. Atualmente, além de ser aceito, o conflito é, de certa forma, estimulado, instigando os colaboradores a trabalhar de modo criativo. Neste capítulo, vamos estudar dois tipos de conflitos e suas características: os chamados *conflito funcional* e *disfuncional*.

2.1 Diferentes percepções do conflito

Um modo antigo, porém ainda presente na atualidade, de se analisar o conflito contempla as seguintes verificações: Ele é positivo ou negativo para as organizações? Ocasionará perda de tempo, dinheiro e poder, ou ganho de criatividade e maior produtividade?

Quando pensamos em conflitos, tendemos a imaginar, num primeiro momento, situações negativas, que envolvem embates, discussões, comportamentos indesejáveis e discordâncias que nos levam a decepções, angústias, desinteresses e, consequentemente, à diminuição da produtividade. No entanto, é preciso entender que, em situações de conflitos, podemos encontrar discussões acaloradas que nos levem a repensar nossas ações, originando uma mudança de comportamento quase sempre sadia. É natural ao ser humano se acomodar quando nada difere ou discorda daquilo que ele diz ou faz. Por isso, em alguns momentos, o conflito é necessário, a fim de estimular o embate de ideias criativas e relevantes, aumentando a produtividade e eliminando a estagnação.

No mundo corporativo, tanto oportunidades quanto problemas ocorrem a todo momento, no entanto, o empoderamento de um ou do outro depende da visão que temos sobre ambos: se conseguirmos enxergar no problema um estímulo para o nosso crescimento, ele deixa de ser um problema para se tornar uma oportunidade. Igualmente, dependendo da perspectiva que usamos para enxergar o conflito, da lente e do objetivo que colocamos quando aplicamos nossos conhecimentos, a fim de transformá-lo de forma criativa, sem deixar de ser crítico, ele será positivo. Toda ação apresenta dois lados; precisamos analisar as diferentes respostas que ambos os lados nos trazem a fim de tirarmos dela o que melhor convier.

Assim, podemos notar que nem sempre o conflito se constitui em algo negativo. Há, inicialmente, um desequilíbrio natural, para que assim possamos nos reorganizar de forma diferente e nos adequarmos às situações apresentadas e vivenciadas. Evoluímos quando somos contestados, colocados à prova ou desafiados. Procuramos, então, novas formas de nos superar, de nos recriar para os desafios que se apresentam.

Como já mencionamos no Capítulo 1, os conflitos podem ser classificados como *funcionais* e *disfuncionais*. Os conflitos funcionais atuam de forma construtiva, apoiando os objetivos do grupo e melhorando o desempenho. Já os conflitos disfuncionais são negativos porque atrapalham o desempenho do grupo, uma vez que são gerados por disputas e discordâncias pessoais – muitas vezes prejudiciais a todos os envolvidos. A chave para o sucesso é aprender como gerenciar conflitos de forma eficaz para que ele possa servir como um catalisador, em vez de ser um obstáculo à melhoria organizacional.

Os conflitos geram **repercussão positiva** quando:

- servem de indicadores para analisar o que precisa ser melhorado;
- auxiliam o crescimento individual e organizacional;
- contribuem para que os objetivos e as metas sejam alcançados;
- estimulam a criatividade dos envolvidos;
- proporcionam a coesão entre as pessoas envolvidas, na medida em que se unem para obter uma resposta positiva.

Os conflitos, quando bem direcionados e em grau não muito elevado, mas insinuado no contexto organizacional, tornam-se relevantes. Segundo Leigh (2015), isso decorre das seguintes características dos conflitos:

- **Incentivam novos pensamentos** considerando um ponto de vista diferente, abrindo novas possibilidades, gerando novas ideias que podem não ter sido consideradas e aplicadas até então.
- **Levantam dúvidas** que podem levar a novas ideias e inovações na maneira de pensar e agir, beneficiando os indivíduos, os departamentos e as organizações. Quando não há conflito, nada muda, pois não há nenhuma necessidade de questionar ou desafiar o *status quo*. O conflito representa uma oportunidade de reconsiderar, que pode levar ao pensamento inovador.
- **Constroem relacionamentos**, sobretudo, por meio da compreensão e do respeito mútuo. Aprender a ouvir e ouvir para aprender leva a ideias valorizadas por ambos os lados em qualquer situação de conflito. À medida que

aplicamos nossos conhecimentos e nossa criatividade na busca de soluções inovadoras, tornamo-nos respeitados pela competência que apresentamos.

- **Abrem a mente**, uma vez que organizações que ensinam aos funcionários como gerenciar conflitos de forma eficaz criam um clima de inovação que estimula o pensamento criativo e abrem a mente para novas possibilidades. Considerando a possibilidade de novas formas de abordar os desafios e atender às demandas de um mundo competitivo de negócios, pode resultar em melhorias que beneficiam tanto as pessoas quanto a organização.
- **Evitam a estagnação**, já que organizações que evitam conflitos evitam a mudança, o que é inútil e pode levar ao desaparecimento das organizações, mesmo das bem-sucedidas. Quem não muda, não evolui. As empresas que incentivam os colaboradores a lidar com conflitos de forma positiva e produtiva podem vencer a estagnação, abrindo as portas para os concorrentes, desafiando a capacidade de continuar a oferecer aos clientes soluções novas para atender às suas necessidades.

Os conflitos apresentam **repercussão negativa** quando:

- geram tensão e desacordo entre os envolvidos;
- geram desmotivação e incertezas, diminuindo a produtividade;
- provocam o desvio do foco principal;
- criam situações que resultam em desperdício de tempo e esforços.

Conflitos negativos levam à estagnação, à perda de tempo – pois o tempo a ser aplicado no trabalho é gasto com resoluções de problemas –, ao desperdício de recursos materiais e humanos, ao desequilíbrio emocional, entre tantos outros aspectos. A animosidade acaba por atingir todo o setor ou departamento, contaminando outros colaboradores, dificultando a evolução pessoal e coletiva, diminuindo a produtividade e provocando o retrabalho. Isso tudo gera um ambiente de trabalho negativo e desagradável a todos.

Figura 2.1 – Pontos positivos e negativos do conflito

Pontos positivos	◆ Incentivo à inovação e à criatividade. ◆ Identificação de soluções diferentes para os problemas antigos. ◆ Melhor desempenho individual e grupal. ◆ Aumento da sinergia entra as pessoas. ◆ Comunicação direta e clara, diminuindo os ruídos.
Pontos negativos	◆ Estresse individual e grupal. ◆ Clima organizacional negativo. ◆ Redução do desempenho individual e grupal. ◆ Desgaste das relações intrapessoais. ◆ Comunicação falha entre indivíduos e grupos.

Portanto, muito embora possam parecer sempre negativos, os conflitos podem ser construtivos na medida em que estimulam os envolvidos a buscar aspectos que visem superá-los.

2.2 Conflito funcional

A visão funcional do conflito é contemporânea e trata os conflitos organizacionais como forças positivas e produtivas. Essa abordagem considera que o conflito incentiva tanto a gestão quanto a linha produtiva a aumentar seus níveis de conhecimento e habilidade. Essa motivação serve de estímulo à inovação, à criatividade e ao desempenho dos colaboradores.

Essa abordagem de vanguarda é oposta à da visão tradicional de conflitos, que considerava o conflito um processo negativo, que deveria ser evitado a qualquer custo, a fim de colocar ordem para funcionar corretamente. No entanto, na visão funcional acredita-se que uma organização, para ter sucesso, precisa de alguns conflitos, pois eles inspiram novas ideias e sugestões para melhor desempenho das operações. Subestimando a estrutura e a ordem, geram mais criatividade, inovação e ideias.

Existem inúmeras estratégias tradicionais para lidar com conflitos organizacionais. A estratégia de se exigir maior disciplina e menos comunicação, criando um manto de "sigilo", acaba por aumentar a intensidade e a frequência dos conflitos organizacionais.

É preciso aceitar o fato de que os conflitos organizacionais e de personalidade vão acontecer, quer se deseje, quer não. Ignorando-os ou tratando-os de forma negativa, a organização só tem a perder.

No entanto, ao aproveitar os conflitos como oportunidades para melhorar as operações, a organização os utiliza como soluções produtivas e até mesmo diferenciadas. Certamente existem algumas desvantagens óbvias para o conflito, mas é preciso redirecioná-las, a fim de que ele seja visualizado positivamente, minimizando o seu lado negativo.

Adotando uma abordagem proativa e, assim, positiva, o conflito ajudará os colaboradores e a organização a crescer. A inovação e a criatividade surgirão e, em vez de repressão ou omissão, a ação positiva será incentivada.

O conflito, com caráter positivo, é visto como fundamental para a evolução e o desenvolvimento da organização e, consequentemente, das pessoas envolvidas. No entanto, para Robbins (2009, citado por Colares e Cruz, 2013, p. 65):

> Os conflitos de relacionamento são quase sempre disfuncionais, pois estão estritamente ligados a personalidade das pessoas envolvidas no conflito. O choque de personalidades gera hostilidades que aumentam o conflito disfuncional e reduzem a compreensão mútua, impedindo a realização de tarefas dentro da organização. Níveis reduzidos de conflitos de processos auxiliam na reformulação destes, e ajudam a melhorar os processos dentro da organização, ao contrário de níveis elevados, que podem ocasionar em perdas de tempo e incerteza sobre a função de cada um dentro da empresa. Os conflitos de tarefas podem ter um nível baixo a moderado, pois estimulam a discussão de ideias e ajudam o trabalho em equipe.

Os conflitos funcionais são, nesse sentido, impulsionados pela discordância relacionada aos aspectos técnicos, de conteúdo e de visões divergentes, impulsionando os envolvidos a melhorar seus processos, a fim de atingir os objetivos esperados. Quando esse tipo de conflito ocorre, somos incentivados a buscar soluções criativas de modo a solucioná-los, corrigindo as distorções existentes, estimulando, muitas vezes, o domínio de novos métodos e técnicas, tornando a ação ainda mais eficaz. Por isso, o conflito funcional tende a ser positivo para as empresas.

Isso ocorre porque o conflito funcional pode gerar vantagem competitiva para a organização, colocando-a na vanguarda do desenvolvimento, uma vez que o grande diferencial das empresas são as pessoas que nela trabalham, contribuindo com seu conhecimento aliado à criatividade. Grupos nos quais os participantes têm interesses diversos e expressam suas ideias acabam criando soluções diferentes daquelas trabalhadas até então (Almeida; Martinelli, 2009).

Hollenbeck e Wagner III (2009) entendem que o conflito funcional ajuda a estabilizar as relações sociais. Para os referidos autores, esse tipo de conflito possibilita a realocação dos recursos dentro da organização, que resulta em sua melhor distribuição e possibilita manter as pessoas estimuladas e dispostas a inovar.

2.3 O conflito disfuncional

O conflito disfuncional cumpre função diferente do conflito funcional, visto que tende a minar o convívio saudável entre os envolvidos. Ele enfraquece o colaborador e sua disposição para desenvolver suas funções.

O conflito disfuncional acontece entre os colaboradores quando há divergência em relação a ideias, poder, conhecimentos, interesses, disputas interpessoais etc. Nesse tipo de conflito, há concorrência entre as pessoas, que discordam das ideias e ações umas das outras – às vezes por inveja ou ciúmes e por competições pessoais. O conflito disfuncional, quando mal gerenciado, acaba por causar desmotivação, indisposições permanentes e mal-entendidos sucessivos, provocando o desligamento ou o remanejamento de um ou de ambos os colaboradores envolvidos, até que um ponto final seja colocado. Para Duhá (2007), esse tipo de conflito está relacionado à personalidade dos envolvidos e ligado a critérios afetivos, impedindo que essas pessoas se engajem nas atividades a ser desempenhadas.

Para Glinow e McShane (2014), o conflito é estressante e consome a energia pessoal, distrai os funcionários do trabalho, desmotiva os participantes a compartilhar recursos e a coordenar suas atividades.

Ao analisar o conflito de forma negativa, ou seja, o conflito disfuncional, podemos elencar algumas ações desencadeadas em virtude de sua ocorrência:

- **Insubordinação**: Acontece em função da não existência de um direcionamento adequado e de uma liderança positiva. Assim, os subordinados acreditam que a gerência não apresenta conhecimentos necessários e condições suficientes para direcioná-los em suas ações. Não se sentem seguros com as ordens de seus superiores, ou porque não são adequadas ou porque são desfeitas logo após o comando inicial. Segue, então, a insubordinação.
- **Produtividade reduzida**: Quando o conflito acontece sem um alinhamento posterior das ações a serem seguidas, acaba se arrastando por um longo tempo, assim, o foco do colaborador muda da produtividade para o conflito, até que este seja resolvido ou eliminado. É preciso fechar um conflito, aparar as arestas existentes, eliminar o clima negativo para que o colaborador se sinta seguro e siga em frente.

- **Clima organizacional negativo**: Conflitos geram separação de pessoas e divisões de grupos – quando alguns colaboradores se colocam a favor de um ou de outro indivíduo –, geram desconforto e, consequentemente, ambientes desagradáveis de se trabalhar. Sobretudo quando não há separação de espaços físicos, gera mal-estar quando se precisa trabalhar lado a lado com a "oposição".
- **Inovação e criatividade em baixa**: Grupos em conflito tendem a não colaborar com novas ideias. Veem o colega, com o qual entraram em conflito, como concorrente direto, esquecendo o objetivo comum: trabalhar para o desenvolvimento coletivo a fim de atingir as metas estipuladas. Desse modo, não compartilham informações e tampouco conhecimento. A qualidade daquilo que se produz diminui.
- **Prazos descumpridos**: Quando o conflito é apenas encoberto e não resolvido de forma adequada, tende a se tornar mais importante para as partes envolvidas do que o próprio trabalho, o que gera retrabalho e até mesmo atraso no prazo de entrega.

Quadro 2.1 – Conflito funcional e conflito disfuncional

Conflito funcional	Conflito disfuncional
Incentivo à inovação e à criatividade	Estresse individual e do grupo
Identificação de soluções diferentes para os problemas antigos	Clima organizacional negativo
Melhor desempenho individual e do grupo	Redução do desempenho individual e do grupo
Aumento da sinergia entre as pessoas	Desgaste das relações intrapessoais
Comunicação direta e clara, diminuindo os ruídos	Comunicação falha entre indivíduos e grupos

Os conflitos devem ser administrados de modo a não causar empecilhos aos objetivos estratégicos das organizações. Entretanto, o objetivo não deve suprimí-los ou eliminá-los da organização, pois quando são moderados e bem administrados, podem promover um ambiente criativo, uma vez que a competição é saudável. A ausência de conflitos, por sua vez, pode indicar que a equipe não tem desafios, que as metas são muito fáceis e que o ambiente é de total calmaria. Quando o conflito é moderado e bem gerenciado, torna-se um aspecto positivo para a instituição. Seria, portanto, um conflito funcional ou positivo. Contudo, quando o conflito é grande, a equipe o vivencia a maior parte do tempo, buscando possíveis soluções, desviando seu foco do restante do trabalho e "guerreando" entre si, em vez de utilizar essa energia para atingir os objetivos e as metas organizacionais. Assim, o conflito é disfuncional quando prejudica a organização.

2.4 O processo do conflito: condições que estimulam o conflito

Para que possamos identificar como resolver os conflitos existentes nas organizações, é preciso antes entender suas fontes geradoras, pois só assim teremos sucesso na sua resolução. Para Glinow e McShane (2014), existem seis condições principais responsáveis por gerar conflitos nas organizações: objetivos incompatíveis, diferenciação, interdependência, recursos escassos, regras ambíguas e problemas de comunicação.

Veremos cada um delas, a fim de evitar situações indesejáveis.

1. **Objetivos incompatíveis**

A incompatibilidade de objetivos ocorre quando duas ou mais pessoas envolvidas no processo não perseguem objetivos comuns, mas discrepantes e desencontrados, ou seja, quando os desejos e as necessidades são gerados por intenções diferentes e que não se complementam, mas se excluem.

Nesse tipo de processo, uma pessoa ou um grupo de pessoas luta para atingir um objetivo diferente do outro grupo, tornando-se, algumas vezes, opositores ferrenhos, podendo até extrapolar o ambiente organizacional.

2. **Diferenciação**

Glinow e McShane (2014, p. 294), definem *diferenciação* como "as diferenças entre as pessoas, departamentos e outras entidades em relação a treinamento, valores, crenças e experiências".

A diferenciação pode surgir quando duas pessoas concordam em atingir um objetivo comum e, no entanto, discordam na maneira que devem agir para atingi-lo, em como operacionalizar as ações para se chegar ao resultado esperado ou desejado.

Existem muitos fatores que podem desencadear conflitos em decorrência da diferenciação, mas o mais comum é que ele ocorra quando há, na organização, pessoas com formação, valores e princípios muito distantes, quando os níveis de experiência são diferentes ou quando a faixa etária é muito divergente.

3. **Interdependência**

Esse tipo de conflito é muito comum quando um departamento ou setor depende de outro, compartilhando materiais, informações ou conhecimentos a fim de realizar seu trabalho. Segundo Glinow e McShane (2014, p. 296), "interdependência inclui compartilhar recursos comuns, alternar trabalhos, clientes e receber resultados como recompensa". No entanto, para esses autores, há dois tipos de interdependência:

- A interdependência combinada é aquela que ocorre por meio do compartilhamento de alguns itens, mas as ações são independentes, ou seja, os trabalhos não são interligados.
- A interdependência *sequencial*, como o próprio nome indica, ocorre no processo de linha de produção, no qual uma ação precisa ser completada para que outra possa se efetivar.

4. **Recursos escassos**

A escassez de recursos é muito prejudicial ao trabalho, pois, além de dificultar sua conclusão, acaba por gerar concorrência entre os departamentos ou setores que deles dependem, minando a boa convivência. Há uma concorrência interna, muitas vezes desleal, para obter o recurso desejado.

5. **Regras ambíguas**

A falta de regras ou a existência de regras ambíguas ou não muito claras acabam gerando conflitos. Regras precisam ser cumpridas; mas, para que não haja problemas ou que não gerem conflito, precisam estar claras, sem levar à dupla interpretação. Não pode haver possibilidade de serem burladas por não estarem compreensíveis aos colaboradores. Quando há dubiedade, a tendência é que gere conflitos, pois grupos ou pessoas tendem a interpretá-las de acordo com suas experiências ou necessidades, adequando-as às suas vontades.

6. **Problemas de comunicação**

Essa talvez seja a razão mais comum de conflito nas organizações: a falta de comunicação ou a comunicação inadequada, o que gera desconforto entre as pessoas. A comunicação falha pode ocorrer entre os pares ou entre os cargos superiores e os colaboradores ligados direta ou indiretamente a eles. A comunicação falha entre os pares ocorre por desencontro de informações, falta de apresentação adequada entre os colaboradores envolvidos, estereótipos formados por terceiros – por ideias preconcebidas. A comunicação falha entre instâncias superiores e seus subordinados ocorre por utilização de canais inadequados, que levam as informações de forma distorcida, ou por falta de diplomacia entre as pessoas, gerando uma ideia negativa, dificultando que as ações sejam executadas adequadamente e desencadeando outros conflitos.

Figura 2.2 – Condições que estimulam o conflito

- Objetivos incompatíveis – objetivos diferentes e opostos.
  - Diferenciação – diferenças valores, princípios, crenças entre as pessoas.
    - Interdependência – compartilhamento de materiais, informações, conhecimentos.
    - Recursos escassos – falta ou insuficiência de recursos.
    - Regras ambíguas – falta de regras ou existência de regras que não ficam claras.
- Problemas de comunicação – comunicação falha ou escassa.

Como vimos, diversas são as fontes de conflitos nas organizações. No entanto, todas elas são controláveis, desde que existam bons líderes que as administrem antes que o conflito se estenda e passe a dificultar o bom desempenho organizacional. Um planejamento e um plano de ação adequados são elementos valiosos nesse processo.

2.5 Efeitos do conflito

Os conflitos apresentam efeitos diferentes, dependendo do grau de interferência no processo, das pessoas envolvidas, da causa que os gerou e da consequência resultante de sua existência.

Os conflitos gerados para instigar os envolvidos a buscar melhores resultados, estimulando a criatividade e a competição sadia entre as pessoas, são bastante positivos. Trazem resultados significativos à organização, elevando sua participação e a posição no mercado em que atua. O grande diferencial nas organizações é o conhecimento dos colaboradores que dela fazem parte; entretanto, o grau de habilidade e competência das pessoas pode aumentar, dependendo do estímulo que recebem e do envolvimento de cada uma delas nas ações das organizações. A competição originada por um conflito pode gerar a busca por soluções diferenciadas, oportunizando o crescimento da organização e do grupo nela envolvido.

Já o conflito negativo, que gera discordância e indisposição entre as pessoas, originará dispersão de forças e concorrência, algumas vezes desleal, entre os envolvidos, distorcendo o foco do objetivo comum que se deseja atingir para reforçar ações negativas que minam a boa convivência e, consequentemente, o trabalho individual, interferindo e prejudicando o coletivo. Com isso, todos perdem: as pessoas envolvidas, pois são vistas com maus olhos perante os colegas; a empresa, pois deixa de produzir mais e melhor quando seus colaboradores tendem a desperdiçar seu tempo e sua força para atacar o colega, desfocando sua ação do trabalho a ser executado.

2.6 Estilos de gestão de conflitos

Gerenciar conflitos significa administrar as diferenças e as divergências para se chegar a um denominador comum. O estilo de gestão varia de acordo com a postura do gestor, com a filosofia da organização e com os interesses dos envolvidos. Para Chiavenato (2014), há cinco estilos de gestão de conflitos:

1. **Estilo de competição**: Envolve a imposição de ações assertivas, urgentes e necessárias, mesmo que impopulares, para se ganhar o processo.
2. **Estilo de abstenção**: Reflete uma postura mais solta, não assertiva nem cooperativa, já que dificilmente se chegará a um resultado esperado. Ocorre quando se busca ganhar mais tempo para obter maiores informações ou quando o desentendimento se torna muito oneroso.
3. **Estilo de transigência**: É representado por uma postura mais moderada de ambos os lados. Ambos têm grande importância e igual poder e querem reduzir as diferenças para chegar a uma solução.
4. **Estilo de acomodação**: Ocorre quando é preciso manter a harmonia, quando um assunto é mais importante do que outros para ambos os lados. Assim, o processo fica suspenso até que se resolva, às vezes por si só.

5. **Estilo de colaboração**: Quando ganhar é importante para ambas as partes, busca-se o estilo colaborativo e cooperativo. Ele é usado quando os interesses de ambos os lados são importantes e os pontos de vista das partes podem ser combinados.

Figura 2.3 – Estilos de gestão de conflitos

▼ Estilo de competição

Envolve a imposição de ações assertivas, mesmo que impopulares, urgentes e necessárias, para se ganhar o processo.

▼ Estilo de abstenção

Ocorre quando se busca ganhar mais tempo para obter maiores informações ou quando o desentendimento se torna muito oneroso.

▼ Estilo de transigência

Apresenta uma postura mais moderada de ambos os lados, a fim de reduzir as diferenças para chegar a uma solução.

▼ Estilo de acomodação

Ocorre quando se busca manter a harmonia, deixando que o processo se resolva por si só.

▼ Estilo de colaboração

Quando ganhar é importante para ambas as partes, busca-se o estilo colaborativo e cooperativo.

Assim como o conflito, a negociação ocorre constantemente no dia a dia das pessoas, na rua, nas instituições que prestam serviços, nas organizações que geram produtos. Por essa razão, *negociar* envolve o domínio de habilidades e competências adequadas para que o resultado seja positivo para ambos os envolvidos. Contudo, nenhuma negociação é igual à outra, tendo em vista que envolvem situações diferentes, pessoas e interesses diversos. Cabe ao negociador estudar o contexto e aplicar o estilo adequado para aquele momento.

Estudo de caso

Essa negociação enfoca uma transação internacional da empresa brasileira Frateschi, produtora de locomotivas para os mercados interno e externo. A negociação era a respeito do valor dos trenzinhos a serem exportados para os Estados Unidos (EUA), primeiro cliente de um mercado ainda não atingido pela empresa. Esse cliente comprava artigo parecido de Hong Kong. Contudo, com a valorização do yen, tornou-se inviável a negociação do produto. Então, o cliente convidou a Frateschi para trabalharem juntos.

Em reunião com o novo cliente da empresa Frateschi, nos EUA, o presidente desta mostrou a tabela de preços, que não foi bem aceita pelo cliente americano, dizendo ser impraticável um acordo, pois a antigo fornecedor (de Hong Kong) tinha preços menores.

Sem querer perder o negócio, o empresário representante da Frateschi argumentou sobre a diferença de qualidade do produto que produzia e do produto do fornecedor de Hong Kong, que realmente era inferior. Também esclareceu ao novo cliente que não poderia perder tal oportunidade, pois estava ali a possibilidade de aumentar o mercado da empresa e, consequentemente, as vendas, propondo-se, inclusive, a reestruturar o plano de produção para atender a demanda adicional proveniente desse possível acordo e, dentro disso, reavaliar os custos envolvidos para determinar o quanto poderia ceder na proposta feita anteriormente.

Retornando aos EUA, durante um almoço informal num restaurante agradável, com conversa descontraída, em clima de amizade, o empresário apresentou a nova tabela, bem como todo o *know-how* que a empresa possuía para produzir as mercadorias que estavam em negociação.

Ao final do almoço, o fornecedor brasileiro e o cliente americano fecharam a conta do restaurante e firmaram o acordo sobre o negócio.

Dentro da perspectiva levantada, pode-se verificar que os moldes de negociação internacional diferem dos existentes no Brasil. Nesse caso, percebe-se que o americano valoriza a sinceridade de seus fornecedores ou clientes, colocando as cartas na mesa para a conquista da credibilidade, e a certeza de um acordo ganha-ganha, bem como um relacionamento posterior duradouro, que possibilite novas negociações.

Em se tratando do empresário americano, pode-se constatar a utilização do poder do precedente, afinal, o fornecedor de Hong Kong fornecia produtos mais baratos. A questão foi resolvida quando o empresário brasileiro citou sua habilidade em produzir produtos parecidos, no entanto, de melhor qualidade (poder da habilidade/especialidade).

A situação informal e descontraída em que a negociação aconteceu também soma favoravelmente para um acordo ganha-ganha, em que se conhece melhor as partes pessoalmente, seus hábitos, maneiras de se comportar, tendo-se a certeza de que realmente é interessante e viável a discussão sobre determinado assunto.

Já para o empresário brasileiro, o bom relacionamento com o cliente, após a negociação, é imprescindível, dando margem a novos negócios; além do mais, "o sucesso de meu cliente é meu próprio sucesso".

Isso pode ser retratado no fato de que as partes não participaram efetivamente de um conflito de interesses, mas de uma discussão construtiva sobre o que seria mais interessante para os envolvidos nas questões que estavam sendo negociadas. A discussão de uma melhor alternativa de acordo pode ser caracterizada pela apresentação clara e aberta dos fatos, das impressões e dos interesses de cada um nas negociações.

Assim, negociar com pessoas em alguns países no exterior pode ser bem diferente que negociar com empresários nacionais. Há que se considerar, portanto, também a cultura local na hora de negociar.

De acordo com o empresário brasileiro, o importante em uma negociação com o exterior, pelo menos no caso de negociadores norte-americanos, é "colocar as cartas na mesa", ou seja, expor todos os seus interesses e necessidades. Isso permite confiança por parte do cliente na negociação a ser firmada.

Nesse sentido, o estilo adotado nesta negociação é o amigável, visto que há a preocupação de manter um relacionamento duradouro, com possibilidades de negociações futuras.

Fonte: Adaptado de Negociação e Solução de Conflitos, 2007b.

Questão

Nas negociações internacionais, um ponto a destacar é a cultura do outro país, a qual determina as visões dos negociadores locais. É preciso mostrar respeito aos aspectos da herança cultural de um país estrangeiro. Portanto, é preciso que os negociadores estejam preparados para entender melhor o comportamento de quem está do outro lado da mesa de negociações. Com relação aos estilos de negociação, responda:

A postura adequada do negociador é seu diferencial para evitar ou dirimir conflitos durante o processo de negociação. O bom negociador coloca-se no lugar do outro de maneira a entender suas expectativas e deixá-lo confortável. Sua capacidade investigativa, um senso de urgência para não perder oportunidades, o faz ainda mais competente, contribuindo para que a negociação ocorra. Quais são as habilidades essenciais ao negociador para uma negociação internacional de sucesso?

Síntese

Neste capítulo, você pôde perceber que, quando pensamos em conflitos, sempre imaginamos uma situação desagradável e, sobretudo, negativa, prejudicial a todos. No entanto, observamos que um conflito, quando estimulado e bem gerenciado, pode ser positivo, na medida em que estimula a concorrência e a busca de novas e criativas soluções que levam os colaboradores a atingir metas e aumentar a produtividade.

Também vimos que, para que haja sucesso na resolução de conflitos, é preciso entender suas origens. Para Glinow e McShane (2014), existem seis condições principais responsáveis por gerar conflitos nas organizações: objetivos incompatíveis, diferenciação, interdependência, recursos escassos, regras ambíguas e problemas de comunicação.

Mostramos também que o estilo de gestão varia de acordo com a postura do gestor, com a filosofia da organização, com os interesses dos envolvidos, entre outros aspectos. Para Chiavenato (2014), há cinco estilos de gestão de conflitos: competição, abstenção, transigência, acomodação e colaboração.

Questões para revisão

1. A visão funcional do conflito é contemporânea e trata os conflitos organizacionais como forças positivas e produtivas. Essa abordagem considera que o conflito estimula tanto a gestão quanto a linha produtiva a aumentar os seus níveis de conhecimento e habilidade. Tendo isso em vista, analise as afirmativas a seguir:

   I. Essa abordagem de vanguarda corresponde à visão tradicional de conflitos, pois considera o conflito um processo negativo que precisa ser evitado a fim de colocar ordem para funcionar corretamente.
   II. A visão funcional acredita que uma organização, para ter sucesso, precisa de alguns conflitos, os quais inspiram novas ideias e sugestões para melhor desempenho das operações. Ao subestimar a estrutura e a ordem, gera-se mais criatividade, inovação e ideias.
   III. Durante muito tempo, o conflito foi tido como algo prejudicial a todos, tanto às organizações quanto às pessoas neles envolvidas e, nesse sentido, era necessário evitá-los ao máximo ou eliminá-los a qualquer custo.
   IV. O conflito funcional ajuda a desestabilizar as relações sociais. Além disso, impede que recursos sejam realocados dentro da organização.

   Está correto o que se afirma em:
   a) I, II, III e IV.
   b) I, II e III.
   c) I e III.
   d) II e III.
   e) II e IV.

2. Para Glinow e Mcshane (2014), o conflito é estressante e consome a energia pessoal, distrai os funcionários do trabalho, desmotiva os participantes a compartilhar recursos e a coordenar suas atividades. Quando analisamos o conflito de forma negativa, ou seja, o conflito disfuncional, podemos elencar as seguintes ações desencadeadas:
   a) A insubordinação dos colaboradores em função da não existência de um direcionamento adequado e de uma liderança positiva da gerência aos seus subordinados.
   b) Boa comunicação interna por meio da utilização de canais adequados que levam as informações de forma correta à todos os colaboradores
   c) A riqueza de recursos é muito prejudicial ao trabalho, porque, além de dificultar sua conclusão, acaba por gerar concorrência entre os departamentos ou setores que deles dependem, minando a boa convivência.
   d) Glinow e McShane (2014, p. 294) consideram a diferenciação como "as diferenças entre as duas organizações distintas que tendem a se integrar."
   e) Produtividade excessiva e sem controle de qualidade, gerando retrabalho e gastos desmedidos.

3. Com relação aos conflitos organizacionais, podemos dizer que podem ser positivos e negativos, dependendo do tratamento dado a eles. Portanto, há dois tipos de conflitos: conflito funcional e conflito disfuncional. Com relação a eles, assinale a alternativa correta:

a) Tanto o conflito funcional quanto o conflito disfuncional são prejudiciais às organizações, porque geram desequilíbrio entre os envolvidos, visto que se tratam de conflitos e, portanto, de desestabilização e desconforto.

b) O conflito funcional é considerado positivo, porque representa uma oportunidade para melhorar as operações organizacionais tornando-se uma solução muito mais produtiva.

c) O conflito disfuncional cumpre função diferente do funcional, no entanto também é positivo, estimulando a competitividade e a criatividade.

d) O conflito funcional ocorre por divergência de ideias, de poder, de conhecimentos, enfim, nesse tipo de conflito tende a haver uma concorrência de pessoas entre si, por discordarem das ideias e ações umas das outras.

e) O conflito funcional, embora seja positivo, gera, algumas vezes, dificuldades de relacionamento entre as pessoas, ocasionando diminuição da produtividade.

4. Considerando as características dos conflitos funcional e disfuncional, com base no Quadro 2.1, sobre pontos negativos e positivos dos conflitos nas organizações, elabore uma lista de pontos positivos e negativos do conflito existentes em sua organizações ou em outras instituições que você conhece.

5. Um gestor que, perante um conflito, aborda a estratégia de acomodação e deixa as partes em conflito chegarem a uma solução satisfatória, mesmo que para isso dispendam de muito tempo, está correto em sua abordagem? Explique.

Questão para reflexão

O conflito, para existir, precisa ser percebido pelas partes envolvidas: a existência ou não do conflito é uma questão de percepção. Se os colaboradores não tiverem noção da existência do conflito, ele não se desenvolverá. Explique essa afirmação. De que modo o conflito pode ter um papel de significativo para a organização? Em que sentido o conflito ajuda a organização a identificar o que está errado?

Para saber mais

SANTOS, K. Z. dos; SOUZA, G. P. de; VASCONCELLOS, M. O. Conflitos interpessoais no ambiente organizacional. **Revista Foco**, v. 7, n. 1, 2014. Disponível em: <http://www.novomilenio.br/periodicos/index.php/foco/article/view/103/64>. Acesso em: 14 jul. 2015.

O artigo analisa a existência de impactos proporcionados pelos conflitos em um ambiente organizacional. Para isso, usa uma pesquisa de campo, que é realizada com base em um estudo de caso. Como resultado da pesquisa, foi observado que o direcionamento adotado para intermediar os conflitos está relacionado ao sucesso de impedir impactos negativos aos indivíduos e à organização como um todo.

BERG, E. A. **Administração de conflitos**: abordagens práticas para o dia a dia. Curitiba: Juruá, 2011.

O livro mostra de forma prática e objetiva como solucionar conflitos no ambiente de trabalho. Além disso, apresenta três tipos de conflitos, cinco maneiras de abordar e resolver divergências e os três estágios dos conflitos interpessoais, além de indicar como usar a comunicação eficaz nos conflitos.

BURBRIDGE, M.; BURBRIDGE, A. **Gestão de conflitos**: desafios do mundo corporativo. São Paulo: Saraiva, 2012.

O objetivo desse livro é auxiliar gestores de diferentes organizações a reconhecer a diferença existente entre conflitos produtivos e contraprodutivos. Além disso, o livro aborda com gerenciar os conflitos nas organizações.

MELERE, E. A.; CAMOZZATO, L.; PESSOA, I. C. et al. **Conflito organizacional**. Disponível em: <http://revistas.utfpr.edu.br/pb/index.php/SysScy/article/view/229/28>. Acesso em: 10 jul. 2015.

Esse artigo apresenta a teoria estruturalista fazendo um elo com o tema proposto. Trata-se o conflito organizacional como um ponto extremamente importante no desenvolvimento das organizações modernas, mostrando o que é conflito, como ele surge e a forma como deve ser trabalhado. Também há o objetivo de desmistificar a ideia de que um conflito pode ser maléfico, analisando os pontos positivos que resultam desse acontecimento, assim como as consequências que tem quando não tratado da maneira correta.

O processo de negociação

Conteúdos do capítulo:

- Conceito de negociação.
- Estilos de negociação.
- Competências essenciais ao processo de negociação.
- Habilidades básicas em negociação.
- Poder de barganha.

Após o estudo deste capítulo, você será capaz de:

1. reconhecer os diferentes estilos de negociação;
2. identificar elementos essenciais ao processo de negociação;
3. identificar as habilidades necessárias ao bom negociador.

A *negociação* é o ato ou efeito de negociar um contrato, uma meta, um assunto de interesse comum entre diferentes lados envolvidos. Ela pode acontecer por meio de uma interação verbal em que as partes propõem, contrapõem e argumentam, a fim de se chegar a um resultado que seja satisfatório para ambos os lados – um acordo com o assentimento das partes envolvidas.

Este terceiro capítulo aborda a negociação, analisando alguns elementos essenciais desse processo.

3.1 O conceito de negociação

Como ocorre em qualquer campo de pesquisa, os estudiosos da área divergem bastante no que se refere ao conceito de *negociação*, mas há algumas características comuns.

A **negociação** apresenta como princípio fundamental um **acordo** entre as partes distintas com vista a se chegar a um **resultado comum**. Portanto, negociar envolve um processo de comunicação adequado e, sobretudo, a vontade de se chegar a um denominador comum.

Para Chiavenato (2014, p. 283):

> A negociação ou barganha é o processo de tomar decisões conjuntas quando as partes envolvidas têm preferências diferentes [...] as partes envolvidas precisam chegar a alguma forma de acordo ou consenso sobre assuntos ou pendências que as afetam direta ou indiretamente.

Diferentemente do que se via antes, quando o foco do negociador era, sobretudo, satisfazer a suas próprias necessidades, vencendo a qualquer custo, hoje o processo de negociação se apresenta mais abrangente, sendo o foco principal a satisfação de ambos os lados, em uma negociação ganha-ganha, pois as negociações passaram a depender de um relacionamento mais duradouro entre ambos os lados, em que os interesses não são mais excludentes, mas complementares.

3.2 Estilos de negociação

Todos nós negociamos diariamente. No nível pessoal, negociamos com os amigos, com a família, com os nossos colaboradores, entre tantos outros. A negociação é também a chave para o sucesso do negócio, uma vez que nenhuma empresa pode sobreviver sem contratos lucrativos. Portanto, habilidades de negociação são extremamente relevantes para o sucesso pessoal e profissional.

Existem diferentes estilos de negociação, dependendo das circunstâncias. Vejamos, a seguir, alguns deles.

- **Negociação de sucesso – negociação ganha-ganha**

A negociação em si é uma exploração cuidadosa de sua posição e da posição da outra pessoa envolvida, com o objetivo de encontrar um compromisso mutuamente aceitável, satisfazendo, ainda que não completamente, ambas as partes. Ambos os lados devem se sentir confortáveis com a solução final, mesmo que nem todas as suas expectativas sejam contempladas.

A negociação eficaz ajuda-nos a resolver situações de conflitos resultantes de desejos, necessidades e interesses diferentes entre os envolvidos. O objetivo da negociação ganha-ganha é encontrar uma solução que seja aceitável para ambas as partes, satisfazendo, ao final do processo, ambos os lados do conflito, ainda que os dois tenham de ceder em alguns pontos.

Para a negociação ser ganha-ganha, ambas as partes devem sair satisfeitas desse processo, possibilitando que boas relações de trabalho sejam mantidas. Isso define o estilo da negociação – histerismo e demonstrações emocionais são claramente inadequados, porque podem minar a base racional da negociação e trazem um aspecto manipulativo, indesejável em qualquer tipo de negociação.

Apesar disso, a emoção pode ser um importante tema de discussão, porque as necessidades emocionais das pessoas devem ser atendidas de forma justa. Se a emoção não é discutida quando ela precisa ser, então o acordo alcançado pode ser insatisfatório e temporário. No entanto, essa emoção deve ser controlada e apresentada dentro dos padrões saudáveis.

♦ **Negociação ganha-perde**

A negociação ganha-perde consiste em uma negociação para resolver problemas imediatos, contornando as situações-problema para que a ação seja executada a contento, somente enquanto durar o conflito, sem a esperança de que o relacionamento tenha continuidade, uma vez que, se houver um lado vencedor e outro perdedor, dificilmente haverá condições necessárias a um convívio saudável.

Esse tipo de negociação não é recomendada para a resolução de disputas entre pessoas que tenham um relacionamento contínuo: um lado sairá, quase sempre, prejudicado, o que ocasionará represálias e desavenças posteriores. Da mesma forma, usar truques e manipulações durante uma negociação poderá minar a confiança e prejudicar o respeito, a credibilidade e o trabalho em equipe.

- **Negociação perde-perde**

Na negociação perde-perde, os indivíduos envolvidos no conflito estão mais preocupados em impedir que o outro ganhe do que realmente encontrar uma solução eficaz para o conflito. Dessa forma, acabam ambos os lados cedendo, não se chegando a um resultado positivo para nenhum dos dois lados.

Figura 3.1 – Estilos de negociação

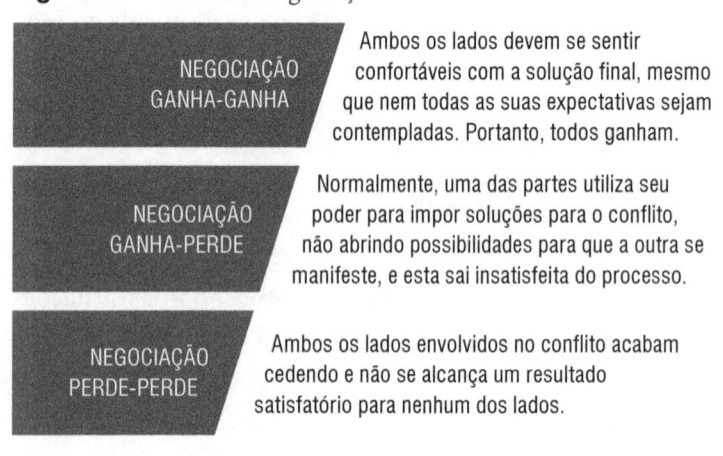

NEGOCIAÇÃO GANHA-GANHA	Ambos os lados devem se sentir confortáveis com a solução final, mesmo que nem todas as suas expectativas sejam contempladas. Portanto, todos ganham.
NEGOCIAÇÃO GANHA-PERDE	Normalmente, uma das partes utiliza seu poder para impor soluções para o conflito, não abrindo possibilidades para que a outra se manifeste, e esta sai insatisfeita do processo.
NEGOCIAÇÃO PERDE-PERDE	Ambos os lados envolvidos no conflito acabam cedendo e não se alcança um resultado satisfatório para nenhum dos lados.

Assim, negociar consiste em chegar a um consenso em que ambas as partes saiam satisfeitas. No mundo atual, altamente competitivo, voltado para a solução de respostas que contemplem um maior número de pessoas, no qual os espaços geográficos já não são impedimento para ampliar os negócios, não existe mais espaço para a negociação ganha-perde ou perde-perde. É preciso negociar com princípios bem definidos e ética, a fim de se obter resultados benéficos e profícuos para ambos os lados.

3.2.1 Preparando-se para uma negociação bem-sucedida

Dependendo do grau de conflito, uma preparação pode ser mais apropriada do que outra para a realização de uma negociação bem-sucedida.

Para as pequenas divergências, uma conversa pessoal pode ser suficiente, evitando que o conflito se propague e ganhe dimensões maiores. Nesse tipo de conflito, a preparação excessiva pode ser contraproducente porque toma um tempo considerável que poderia ser melhor empregado em outras ações relevantes.

Para conflitos maiores e mais significativos, que envolvem maior número de pessoas ou problemas que comprometem a moral das pessoas e da empresa, a negociação exige uma preparação mais detalhada, com direcionamentos escolhidos cuidadosamente para que a resolução seja bem-sucedida, evitando problemas posteriores ou discordâncias futuras relacionadas às arestas mal aparadas.

> Como negação do ócio, *negociar* significa "estar em movimento". Toda atividade, por isso, envolve determinado grau de negociação, tornando esse fenômeno um fator inerente ao ser humano.

A negociação é inerente a várias situações na vida dos indivíduos. Negociamos todos os dias sobre vários aspectos e interesses, optando pelo que pensamos ser o melhor.

No entanto, existem negociações que exigem mais do ser humano, em virtude da sua abrangência e complexidade, como contratos comerciais, escritura de um estatuto ou acordos sindicais – são ações que exigem o domínio de um saber mais aprofundado, assim como uma postura adequada de seu negociador.

A negociação não é um processo linear ou padronizado, mas está em contínuo movimento, que não é uniforme, pois a negociação envolve, no mínimo, duas partes vibráteis – e, muitas vezes, diferentes – e mexe com os sentidos e os sentimentos de forma diversa. Essas partes não precisam, necessariamente, ser consideradas oponentes, pois podem ser complementares.

Não se trata de um processo padronizado, pois cada negociação exibe sua própria forma e peculiaridade, tornando-se um caso único. Negociar é, desse modo, uma ação individualizada até que seja colocada em prática, tornando-se "um processo de comunicação bilateral que envolve um elemento de permuta e barganha, no qual os agentes trocam recursos de valor por outro, visando a obtenção de uma decisão conjunta e à satisfação de todos os envolvidos" (Fisher; Ury, 1985, p. 30).

A negociação envolve a complexidade do indivíduo e suas múltiplas formas, interdependentes, acarretando, apesar de diferenças individuais, o atendimento às características multifacetadas das partes envolvidas.

Para negociar, é preciso ter um foco, ou seja, objetivos que se pretende atingir, não necessariamente discordantes, mas complementares, sendo o raciocínio elemento indispensável ao processo. Ninguém negocia sem ponderar prós e contras.

Saber negociar, segundo Ghisi e Martinelli (2006, p. 14), "tornou-se fator determinante para uma vida profissional, até mesmo pessoal, bem-sucedida. Trata-se de uma ferramenta cada vez mais valorizada no mundo moderno, tendo em vista a crescente pressão que empresas e pessoas sofrem para manter e elevar sua performance".

3.3 Competências essenciais no processo de negociação

Negociar tornou-se um processo-chave no meio empresarial, sobretudo em virtude das novas demandas econômicas e sociais, da abertura de novos mercados e do aumento da concorrência, que incentivam o desenvolvimento da criatividade e a permanência das empresas no mercado globalizado. As exigências dos consumidores ficaram mais latentes e estimuladas pela grande e diversificada oferta no mercado, obrigando as empresas a se voltarem para a inovação e para o crescimento sustentável, preocupadas não só com qualidade do que é ofertado, mas com responsabilidade socioambiental do que é produzido.

O mundo viu-se obrigado a voltar-se para a interação, o *empowerment*, a qualidade de vida, a inovação e a sustentabilidade. Assim, as empresas tiveram de desenvolver, com organicidade e criatividade, verdadeiras estruturas em rede, baseadas na competitividade, nos novos clientes, nos novos mercados, na qualidade, na lucratividade e no crescimento sustentado.

Todo esse movimento não ocorreu facilmente de um dia para o outro, mas ao longo de décadas. Muitos instrumentos de acompanhamento foram criados para garantir esses fatores, enfatizando variáveis de negociação como: sistema ISO, balanço social, gestão inteligente, *balanced scorecard* e formação do preço de venda.

Habilidades e competências para negociar têm sido os objetivos de todos os profissionais em qualquer área de atuação, visto que o bom relacionamento e a convivência saudável entre as pessoas são elementos fundamentais para o sucesso pessoal e profissional.

Para Ghisi e Martinelli (2006, p. 15), "na maior parte do nosso tempo, estamos envolvidos em negociações. No nosso trabalho, nas relações afetivas, nas amizades, a necessidade de se chegar a um entendimento é uma constante".

Portanto, a arte de negociar deve ser dominada, a fim de que possamos atingir a excelência pessoal e profissional.

Toda negociação deve estar pautada no domínio de algumas competências. Assim, apresentamos a seguir alguns elementos essenciais a esse processo.

♦ **Inteligência emocional**

Ao fazer parte de uma negociação, muitas vezes as emoções afloram. Isso quase sempre se torna improdutivo e leva a atitudes impensadas. Negociar significa, entre outras coisas, ter o domínio dos sentidos e das emoções. Aliás, os sentidos são grandes parâmetros de negociação, mas não devem ser os únicos. Deixando de lado o aspecto instintivo, o homem precisa ater-se ao seu raciocínio.

Certa passionalidade pode, muitas vezes, contribuir para as decisões, desde que sob controle e em situações de exceção, porque negociar é um processo vibrátil. No entanto, falta de autocontrole emocional já derrubou um grande número de instituições que se envolveram em crises de opinião.

A inteligência emocional pode ser desenvolvida com disciplina e paciência, devendo ser praticada a todo momento, até que se torne um hábito.

Outra parte importante da inteligência emocional é a segurança que ela traz. O negociador percebe as tendências da negociação até para mudar o rumo do que está sendo tratado. Dominar suas emoções e saber colocá-las em prática, quando necessário, torna-se fundamental no processo de negociação.

- **Assertividade**

Não se deve negociar sem ter certeza de suas convicções. Precisamos entender as seguintes questões: O que se espera dessa negociação? Como se deve conduzi-la? Até onde vai a sua autonomia como negociador? É preciso, como negociador, ter bem claras as respostas a essas perguntas, sob pena de arruinar a negociação. É preciso conhecer os meandros do processo para que se possa avançar ou retroceder, quando necessário. Assertividade tem a ver com congruência.

Expor ideias de maneira consciente facilita o convencimento do outro, já que negociar também é convencer, de forma positiva, o cliente, trazendo-o para o seu lado. Sem assertividade, não há como ter êxito.

- **Bom senso**

Não adianta levar para a mesa de negociação ideias mirabolantes que nada vão acrescentar ao processo. Elas podem até ser boas, mas em nada contribuirão. A pauta deve estar calcada em coerência de proposições que levem todas as partes a se sentir satisfeitas. Isso é extremamente complexo, já que nem todos primam pelo bom senso, no ímpeto de ganhar a negociação, não cedendo um milímetro. Expor soluções nada pragmáticas indicam propostas escassas de tecnologia apropriada e/ou *know-how* e levantam hipóteses que, no decorrer do tempo, trarão mais custos do que ganhos. Isso acabará enfraquecendo a carreira do negociador.

- **Confiança**

Nenhuma negociação se estabelece sem confiança. Todos os envolvidos na negociação precisam estar despidos de vaidades e de outros vícios ao empenharem sua palavra. Isso porque com arrogância e prepotência não chegamos a lugar nenhum. Se não houver esse cuidado, a negociação está fadada ao fracasso. Essa, infelizmente, é uma variável que dificilmente será revertida, diferente de outros princípios aqui propostos.

Confiança envolve o caráter de cada um e talvez seja o principal fator de desgaste nas empresas. A pessoa que se sente enganada dificilmente voltará a estabelecer vínculos com quem a enganou. O problema de relacionamento passa a ser o ponto-chave da questão.

- **Empatia**

É muito comum que as partes ou uma das partes ceda em algum momento da negociação. Caso contrário, não há como ter sucesso, ou será uma negociação ganha-perde, na qual só um lado sairá satisfeito. Colocar-se no lugar do outro e compreender que, naquele momento, aquela é a condição a se cumprir talvez seja a forma correta para se chegar a um consenso. Haverá momentos que o oposto acontecerá. Isso é uma maneira de, mais do que nos colocarmos no lugar do outro, deixar sementes para futuros vínculos, pois o que se deseja é um relacionamento de longo prazo, e não apenas um momento fortuito de negociação. Negociar com sucesso é tornar ambos os lados vencedores.

♦ **Pensamento sistêmico**

Cada negociação é única, pois envolve elementos diferentes que se entrelaçam e se cruzam, caso contrário, não haveria negociação. Todas as variáveis precisam ser levadas em conta, sob pena de obstrução da negociação. A proposta é a interação e a integração entre os negociadores, agregando diferentes possibilidades e interesses diversos, levando a uma negociação ganha-ganha, em que o todo é maior que as partes somadas.

♦ **Resistência à frustração**

Quando uma negociação não gera o resultado esperado, as partes devem buscar novas chances de negócio, sem se deixar abater. Não se para na primeira tentativa e, muitas vezes, não se chega a um consenso no primeiro momento. Ao contrário, como o objetivo é ganha-ganha, muitas vezes devem ser inúmeras as buscas pelo sucesso. Não negociamos para só um vencer, mas até que todos ganhem.

♦ **Empoderamento**

O negociador deve ser incentivado pelos superiores a ousar, mas sem que perca o foco na negociação. Ele deve analisar cuidadosamente a si e aos seus clientes e determinar ideias inovadoras, criativas, diferentes, colocando o cliente em uma posição confortável em relação aos seus concorrentes. O negociador que a cada negociação se fortalece por ela e com ela, com o aval daquele que o acompanha, vai formando um conjunto de ideias para futuros negócios.

◆ Circularidade

A circularidade (no sentido de agir em diversas frentes em movimento e conectadas) hoje é condição *sine qua non* para qualquer processo humano, inclusive as negociações. O que o negociador faz aqui reflete imediatamente nas suas outras interações. Não há nada estanque e as redes de relacionamento, ou *networking*, são cada vez mais abrangentes. Daí o cuidado de estabelecer relações honestas e transparentes.

◆ Orientação para resultados

Não se fala em negociar sem que haja objetivos e metas muito bem predefinidos. As políticas empresariais (crescimento, lucratividade, expansão) que vão ser atendidas com a negociação devem estar bem claras, orientadas para atingir as metas propostas. Desse modo, é preciso saber aonde se quer chegar para traçar o caminho adequado.

◆ *Timing*

Existe um momento para agir. Se o negociador não tem essa percepção, a negociação não acontece e o processo "desanda". São inúmeros os insucessos por agir precipitadamente ou, ao contrário, por perder o momento de se propor uma ideia – e isso não depende de critérios subjetivos. Um bom planejamento e um estudo mais aprofundado torna-se importante, a fim de se precisar as etapas da negociação, sob pena de "atropelar" o seu andamento.

Figura 3.2 – Competências essenciais ao processo de negociação

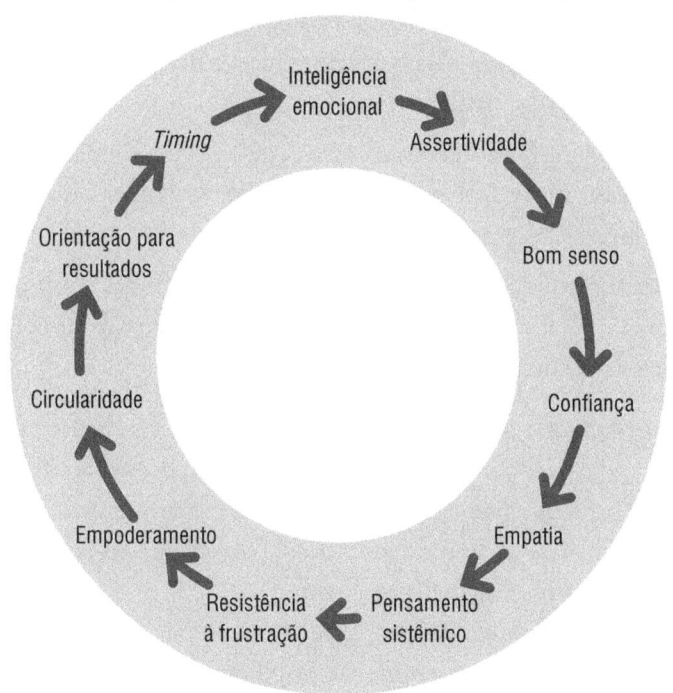

Inteligência emocional → Assertividade → Bom senso → Confiança → Empatia → Pensamento sistêmico → Resistência à frustração → Empoderamento → Circularidade → Orientação para resultados → Timing → (Inteligência emocional)

Gerenciar um conflito não significa eliminá-lo ou amenizá-lo, mas administrá-lo por meio da interação com pessoas, conciliando suas emoções e mediando seus interesses, vontades e expectativas. Prever tensões, identificar a origem e seus desdobramentos e, principalmente, encontrar soluções satisfatórias são ações que fazem parte do processo. No entanto, é preciso o domínio de algumas habilidades que, associadas, geram a competência, resultando em uma gestão eficaz.

3.4 Habilidades básicas em negociação

A capacidade de negociar é uma arte altamente valorizada por muitos empregadores. Negociar é ter poder de persuasão, diplomacia e capacidade de chegar a soluções criativas, alcançando sucesso, na medida do possível, num resultado ganha-ganha na resolução de conflitos.

Negociar, de modo eficaz, exige que o negociador seja capaz de se comunicar de forma eficiente, saiba ouvir e ler seu público, seja flexível e diplomático.

Para que se faça uma negociação bem-sucedida, é preciso domínio de algumas habilidades de modo a se tornar competente, as quais são citadas a seguir:

- **Analisar problemas**: Negociadores eficazes devem saber analisar o problema, identificando os interesses de cada uma das partes na negociação. Uma análise detalhada da situação ajuda a identificar o problema, as partes interessadas e as metas a se obter.
- **Preparar-se para a negociação**: A preparação do negociador inclui a determinação de objetivos, as áreas de comércio e alternativas para as metas estabelecidas. Além disso, o negociador deve estudar o histórico da relação entre as duas partes e as negociações já ocorridas entre elas para encontrar pontos concordantes e objetivos comuns. Os precedentes e os resultados podem definir o tom para as negociações em curso.
- **Saber escutar**: A escuta ativa envolve a capacidade de ler a linguagem corporal, bem como a comunicação verbal. É importante ouvir a outra parte para encontrar áreas

comuns durante a reunião. Em vez de passar a maior parte do tempo na negociação expondo as virtudes de seu ponto de vista, o negociador habilidoso vai gastar mais tempo ouvindo a outra parte.

- **Ter controle emocional**: É vital que um negociador tenha a capacidade de manter suas emoções sob controle durante a negociação. Permitir que as emoções saiam do controle durante a reunião pode levar a resultados desfavoráveis.
- **Ter boa comunicação verbal**: Os negociadores devem ter a capacidade de se comunicar com clareza e eficácia durante a negociação. Mal-entendidos podem ocorrer se o negociador não indicar claramente o que espera da negociação.
- **Colaborar no trabalho em equipe**: Negociadores eficazes devem ter habilidades para trabalhar juntos como uma equipe e promover uma atmosfera de colaboração durante as negociações. Os envolvidos em uma negociação, em ambos os lados da questão, devem trabalhar em conjunto para chegar a uma solução agradável.
- **Resolver problemas**: Os indivíduos com habilidades de negociação têm a capacidade de buscar uma variedade de soluções para os problemas. Em vez de se concentrar no objetivo final da negociação, o indivíduo com habilidade pode se concentrar em resolver o problema de forma a beneficiar ambos os lados da questão.
- **Tomar decisão**: Líderes com habilidades de negociação têm a capacidade de agir de forma decisiva durante uma negociação. Pode ser necessário um arranjo durante a negociação para acabar com um impasse.

- **Relacionar-se bem com outras pessoas**: Negociadores eficazes têm boas habilidades interpessoais para manter uma relação de trabalho agradável com os envolvidos na negociação. Negociadores com paciência e capacidade de persuadir os outros sem usar de manipulação podem manter uma atmosfera positiva durante uma negociação difícil.
- **Ser ético e confiável**: A confiabilidade e a ética em um negociador promovem um ambiente de confiança. Ambos os lados em uma negociação devem confiar na outra parte. Um negociador deve ter habilidade para cumprir suas promessas depois que a negociação termina.

Ao resolver um conflito, é importante ainda observar:

- **Objetivo**: Quais são os seus objetivos? O que você espera com a negociação? O que você imagina que a outra pessoa espera?
- **Foco**: Analise os pontos positivos e negativos para ambos os lados, a fim de atingir um objetivo comum. Pese os prós e os contras de ambos os lados.
- **Alternativa**: Analise suas alternativas – se você não conseguir um acordo entre os envolvidos, quais alternativas você tem? Quais as consequências e o grau de comprometimento se não chegar a um denominador comum? O que poderá ser feito?
- **Envolvimento**: Qual o grau de envolvimento entre as partes? Qual o grau de comprometimento que pode influenciar na negociação? Há algum problema oculto que possa comprometer a negociação de alguma forma?

- **Consequências:** Quais serão as consequências de se ganhar ou perder essa negociação? O que resultará de melhor e o que poderá ser aceitável, ainda que não satisfatório?
- **Poder de negociação:** Quem tem poder na relação? Quem controla os recursos? Para qual lado as consequências serão mais devastadoras caso a negociação não saia a contento? Qual dos lados apresenta maior poder de negociação e por quê?
- **Resultados esperados:** Quais os resultados possíveis para essas negociações?

Figura 3.3 – Procedimentos para uma negociação bem-sucedida

◆ Definição dos objetivos

   ◆ Análise dos pontos positivos e negativos

      ◆ Análise das alternativas

         ◆ Envolvimento e comprometimento entre as partes

      ◆ Ponderação dos possíveis resultados

   ◆ Poder de negociação

◆ Resultados esperados

Gerenciar conflitos, nos dias atuais, é perfeitamente normal em virtude das constantes modificações implementadas nas organizações, as quais exigem novas posturas e procedimentos dos colaboradores. No entanto, exige-se do negociador alguns procedimentos que devem ser seguidos a fim de que haja consenso e que este leve ao sucesso. Planejar a negociação possibilita antever possíveis problemas e buscar prováveis soluções. Estabelecer parâmetros e medir os objetivos são ações que possibilitam buscar alternativas viáveis para se chegar a um consenso.

3.5 O poder de barganha

Um determinante de sucesso da negociação é o poder de barganha. Hoje, compradores e vendedores estão em negociações constantes e com o maior número de concorrentes possível, a fim de obter sucesso em suas negociações, com o máximo de qualidade, no menor tempo e com o menor custo possível. Para Hollenbeck e Wagner (2009), a barganha entre as partes do conflito consiste em ofertas, contraofertas e concessões trocadas para a resolução mutuamente aceitável.

Poder de barganha significa o poder de troca, de permuta. *Barganhar* é o ato de trocar um serviço, um produto ou um objeto por outro. O poder de barganha muda de acordo com as possibilidades que se apresentam e com a força de quem negocia, tendo melhores condições para que haja a negociação, por ter um maior poder aquisitivo ou melhores elementos em mãos, que sejam desejo de outros.

Barganha tem origem na palavra inglesa *bargain*, que representa o verbo *barganhar* em português, ou seja, negociar, trocar cambiar, entre tantas outras ações.

3.5.1 O poder de barganha segundo Porter (1980)

O poder de barganha é determinado pela capacidade do negociador para exercer influência sobre pessoas ou grupo de pessoas, usando a habilidade de persuasão para atingir os objetivos.

O poder de barganha compõe dois dos fatores do modelo das Cinco Forças de Michael Porter e tem o objetivo de analisar a competição entre as organizações a fim de desenvolver uma estratégia organizacional eficiente.

Para Porter (1980), o poder de barganha é uma força competitiva relacionada ao poder de decisão dos compradores sobre os atributos do produto, principalmente quanto ao preço e à qualidade.

O **poder de barganha dos compradores** representa a capacidade de barganha dos clientes com as organizações, quando exigem melhor qualidade por menor preço dos bens e serviços a ser contratados e/ou comprados.

Assim, os compradores têm poderes se:

* as compras do setor são de grande volume;
* os produtos que serão comprados são padronizados e sem grande diferenciação;
* as margens de lucro do setor são estreitas;
* a opção de o próprio comprador fabricar o produto é financeiramente viável.

Já o **poder de barganha dos fornecedores** é semelhante à barganha dos compradores, mas voltado ao fornecimento de insumos e serviços para a empresa. Os fornecedores têm poder de barganhar quando:

- o setor é dominado por poucas empresas fornecedoras;
- os produtos são exclusivos, diferenciados;
- o custo para trocar de fornecedor é muito alto;
- o setor de negócios em questão não tem representatividade no faturamento desse fornecedor.

Como podemos observar na Figura 3.4, que representa as cinco forças propostas por Porter, o poder de barganha tanto dos fornecedores quantos dos clientes é originado pela rivalidade entre os concorrentes.

Figura 3.4 – Cinco forças de competitividade

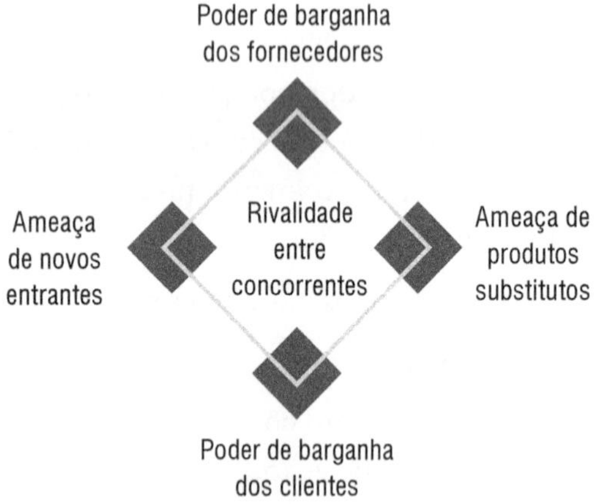

```
              Poder de barganha
              dos fornecedores

Ameaça            Rivalidade           Ameaça de
de novos            entre              produtos
entrantes        concorrentes         substitutos

              Poder de barganha
               dos clientes
```

Fonte: Portal Administração, 2015.

Notamos, por meio da Figura 3.4, que Porter (1980) identifica um modelo de análise sobre os fatores que influenciam o mercado e que afetam o comportamento do consumidor. Esse modelo tem o objetivo de entender o ambiente competitivo entre as organizações e identificar ações e estratégias para se obter vantagem no mercado. Entre essas forças, o poder de barganha do cliente e do fornecedor representa um fator relevante no mercado.

Estudo de caso

Este exemplo levanta alguns estilos de personalidades importantes de épocas históricas, Hitler e Gandhi, segundo os respectivos contextos.

A Primeira Guerra Mundial propiciou novos conflitos, pois o Tratado de Versalhes disseminou forte sentimento nacionalista, dando origem ao nazifascismo. A política de paz adotada por muitos líderes no período entre guerras, e que se caracterizou por concessões para evitar um conflito, não conseguiu garantir a paz internacional. Assim, os regimes totalitários se consolidaram, visando conquistas territoriais, o que desencadeou a Segunda Guerra Mundial.

Com os nazifascistas governando a Alemanha e a Itália, a política internacional foi aos poucos tornando-se conflituosa, pois as pequenas nações sentiram-se lesadas em seus direitos territoriais e políticos, ficando vulneráveis a países mais poderosos.

O Japão, descontente com sua posição internacional, invadiu a Manchúria em 1931; a Itália invadiu a Etiópia; a Alemanha, desobedecendo às decisões do Tratado de Versalhes, em 1935, reincorporou o Sarre, restabelecendo o serviço militar obrigatório e, em 1936, ocupou militarmente a Renânia – zona com a fronteira francesa, desmilitarizada pelo Tratado de Versalhes. Para evitar mais confrontos, outros países assistiram resignadamente a esses fatos.

A guerra civil espanhola deu a Hitler e a Mussolini, associados ao militar golpista espanhol Francisco Franco, condições de testar seus novos armamentos e acabar com a Nova República Espanhola, consolidando a aliança Hitler-Mussolini, denominado *eixo Berlim-Roma*. Pouco depois, o Japão se uniu ao eixo, encontrando na passividade geral ânimo para novas investidas territoriais, assinando o Pacto Antikomintern para combater o comunismo internacional.

A primeira manifestação significativa da expansão nazista aconteceu na Áustria, anexada ao Terceiro Reich; depois foi a vez da Tchecoslováquia que, por meio de um acordo entre Inglaterra, França, Alemanha e Itália, entregou-se aos nazistas.

Hitler desejava conquistar o corredor polonês, área que dava à Polônia saída para o mar. Então, fixou o Pacto Germano-soviético de não agressão e neutralidade, por dez anos, com a União Soviética. Em 1939, Hitler invadiu a Polônia que, apoiada pela Inglaterra e França, reagiu, dando início à Segunda Guerra Mundial.

A Alemanha de Hitler rompeu o tratado com a União Soviética quando decidiu buscar minérios, petróleo e cereais neste país. O sucesso nos primeiros meses levou os nazistas até os subúrbios de Moscou, mas, no final, os alemães experimentavam duras derrotas, devido principalmente ao vasto território, à resistência da população e à chegada do inverno rigoroso. O Japão, ao atacar a base americana no Pacífico, foi guerreado pelos EUA, pondo fim a expansão totalitária do eixo europeu.

Após a Segunda Guerra Mundial, o mundo organizou-se sobre novas bases, destituindo a Europa como eixo do poder mundial, e elegendo Washington e Moscou como os novos centros de poder, reativando o confronto entre socialistas e capitalistas. Fixou-se, assim, a bipolarização do mundo, marcada pela tensão internacional, alimentada pelo conflito ideológico e político dos EUA e URSS.

No que se refere a esses conflitos, podemos fazer muitas classificações de estilos. De acordo com Jung, Hitler possuía estilo restritivo, no qual o negociador tem impulsos de controle e desconsideração para se forçar um acordo, já que não há possibilidade de cooperação entre os envolvidos e cada um se preocupa com seus próprios interesses. Então, o único resultado aceitável para esse negociador é ganhar.

Hitler tinha estilo ganha-perde. As características extremamente nacionalistas que determinavam seu governo (antidemocracia, antioperariado, antissocialismo) priorizavam interesses da minoria e eram centradas nele próprio. A Guerra, por si só, já buscava o ganha-perde, pois o líder alemão acreditava que a luta era tudo e que poderia conseguir tudo o que desejasse. Assim, sua política era centrada em suas vontades, em sua posição.

Hitler teve como estilo negociador o de reconhecer as necessidades e interesses do povo alemão da época, que o fez o maior líder.

Também podiam ser identificadas, no líder alemão, algumas características do estilo duro, tais como:

- estabeleceu uma posição firme e clara, visto que a doutrina nazista tinha princípios básicos bem definidos (racismo, totalitarismo, anti-imperialismo, nacionalismo);
- conhecia muito bem seus objetivos, que eram vingar-se da humilhação do Tratado de Versalhes; era determinado a atingir sempre o melhor, tentando reunir todo o povo germânico da Europa numa grande nação;
- era líder nato, procurando manter a controle, governando de forma centralizada; identificava suas oportunidades, aproveitando, por exemplo, as humilhações do Tratado de Versalhes e a crise econômica para promover a expansão do nazismo;
- não se importava com o pensamento dos outros sobre o nazismo;
- era dominador e agressivo, prova disso foi à eliminação dos partidos políticos, a supressão das organizações sindicais e a ampliação do poder central.

Em se tratando de Mahatma Gandhi, este foi figura importante no processo de independência da Índia, propondo consegui-la por meio da resistência pacífica, desobediência civil e ação não violenta contra os colonizadores ingleses. Assim, promoveu greves, passeatas, boicotes e envolveu a maioria da população hindu e muçulmana, obrigando a Inglaterra a abandonar gradualmente a Índia, evitando confronto racial com a metrópole.

A Índia tornou-se domínio britânico em 1763, após o Tratado de Paris, que excluiu a França da colonização da

Península Indostânica. Em 1858, o território deixava de ser administrado pela companhia das Índias Orientais Britânicas, passando a ser diretamente controlado pela coroa. A luta pela independência começou em 1885, com a criação do Congresso Nacional Indiano (ou Partido do Congresso), partido nacionalista da população hindu. Em 1906, foi criada a Liga Muçulmana, organização nacionalista da população muçulmana.

Em 1947, foi confirmada a retirada inglesa, acirrando os conflitos étnicos e religiosos entre hindus e muçulmanos, permitindo a divisão do país e causando milhares de mortes. A partir daí, surgiram três novos países: a União da Índia, essencialmente hinduísta e governada pelo líder do Partido do Congresso, Jawaharal; o Paquistão, com predomínio muçulmano e governado por All Jinnah; e o Sri Lanka, antiga ilha do Ceilão com predomínio budista.

As desigualdades sociais, as rivalidades étnico-religiosas e a instabilidade política marcavam continuamente toda a região. Em 1948, em meio aos conflitos religiosos e políticos, Gandhi foi assassinado. Em 1984, a sucessora de Nehu, Indira Gandhi, teve o mesmo fim. Em 1991, durante campanha eleitoral, seu filho, Rajiv Gandhi, também foi assassinado. Ainda hoje as tentativas governamentais de evitar a generalização dos conflitos não têm conseguido eliminar a constante ameaça de fragmentação, o aumento da miséria e as crescentes ações extremistas de diversos grupos políticos.

Assim, de acordo com o modelo de Jung, Gandhi apresenta aspectos do estilo confrontador, pois a questão envolvida busca necessariamente um resultado e envolve altos interesses e um conflito litigioso. Utiliza táticas como a virtude e a reunião, apesar de apresentar características de outros estilos, quando opta pelo baixo risco, ou seja, o uso da não violência.

Na Índia, tem-se a figura de Gandhi como libertador dos domínios ingleses. Todavia, houve nesse estilo um pouco de ganha-perde, na negociação Índia-Inglaterra, visto que Gandhi utilizava táticas emocionais (desobediência civil, não violência, resistência pacífica), colocando-se numa posição extremada de passividade para sensibilizar o povo indiano na tentativa de liderá-los contra a Inglaterra. Mostrava-se a favor do povo e por isso tinha autoridade limitada. Se não eram satisfeitas suas vontades, fazia greve de fome, boicotes, passeatas contra o regime inglês. Contudo, Gandhi conseguiu instituir o ganha-ganha entre o povo, quando uniu muçulmanos e hindus em função de um objetivo comum: libertar a Índia da Inglaterra, ainda que, depois, esses povos tenham reiniciado os conflitos. Vale lembrar que a Inglaterra cedeu à Índia aos poucos, para não perder a influência regional.

É possível perceber também os esforços do líder indiano em não se concentrar em garantir ganhos mútuos, mas corrigir injustiças, mudar uma situação desfavorável ao seu país, ou melhor, tentar alterar uma relação ganha-perde, considerando a possibilidade de um relacionamento futuro entre esses países. Em momento algum Gandhi desviou-se de seus objetivos; não atacou os ingleses, concentrando-se nos problemas. Porém, foi incapaz de identificar os interesses ingleses, o que talvez tivesse lhe poupado muitos esforços, principalmente depois da Segunda Guerra, quando a Inglaterra, afetada diretamente pelos conflitos, não podia mais arcar com os custos de manter uma colônia como a Índia, sendo este um dos principais motivos que levaram o governo inglês a reconhecer a independência da Índia.

Nesse contexto, nota-se a importância de se identificar os estilos dos negociadores envolvidos, a fim de que se possam definir ações correspondentes a eles, sendo igualmente importante conhecer o próprio estilo para desenvolver habilidades que permitam melhorar alternativas possíveis na negociação. Como exemplo, pode-se citar a derrota de Hitler na Segunda Guerra Mundial, que rompeu o tratado de não agressão pelo interesse em petróleo, cereais e minérios existentes na URSS. Talvez, se se conhecessem os interesses russos, fosse possível negociar um acordo mais lucrativo para as partes. Hitler, porém, não permitiu o desenvolvimento de melhores alternativas para a situação.

Fonte: Adaptado de Negociação e Solução de Conflitos, 2007d.

Questão

Quanto mais se conhece os estilos de negociação, mais os negociadores são flexíveis em seus estilos, assumindo posturas diversas de acordo com a situação em que se encontram a fim de obter resultados desejáveis sem que seja necessário fazer concessões ou assumir posições desfavoráveis para se chegar a um acordo sensato.

Quais seriam as ferramentas mais indicadas para identificar os estilos dos negociadores, as quais auxiliariam a definir ações que melhorem as alternativas possíveis na negociação?

Síntese

Negociar nada mais é do que a realização de um acordo entre partes distintas, visando chegar a um resultado comum. Portanto, envolve um processo de comunicação adequado e, sobretudo, vontade de se alcançar esse enominador comum.

A negociação é a chave para o sucesso do negócio. Nenhuma empresa pode sobreviver sem contratos lucrativos e, portanto, habilidades de negociação são extremamente relevantes para o sucesso pessoal e profissional. Mas esse processo pode ter diferentes estilos, dependendo das circunstâncias.

Toda negociação deve estar pautada no domínio de algumas competências, as quais apresentamos: inteligência emocional; assertividade; bom senso; confiança; empatia; pensamento sistêmico; resistência à frustração; empoderamento; circularidade; orientação para resultados; *timing*.

Mostramos também as habilidades que o negociador precisa dominar para negociar: analisar problemas; preparar-se para a negociação; saber escutar; controle emocional; boa comunicação verbal; colaborar no trabalho em equipe; resolver problemas; tomar decisão; relacionar-se bem com outras pessoas; ser ético e confiável.

Identificamos ainda os direcionamentos importantes na resolução de um conflito: objetivo, foco, alternativa, envolvimento, consequências, poder de negociação e resultados esperados.

Vimos também que um determinante do sucesso na negociação tem sido o poder de barganha. *Poder de barganha* significa o poder de troca, de permuta. *Barganhar* é o ato de trocar um serviço, um produto ou um objeto por outro.

Questões para revisão

1. Em relação ao gerenciamento de conflitos nas organizações, julgue os itens a seguir e assinale a alternativa que contém a resposta correta:
   I. O conflito, de qualquer forma que se apresente, é sempre prejudicial à organização.
   II. Em algumas situações, a competição na organização é fundamental para o gerenciamento de conflito, levando ao desenvolvimento criativo.
   III. Quando uma das partes não quer negociar, a estratégia de evitar o conflito é a melhor maneira de garantir o ganha-ganha.
   IV. O negociador que utiliza a estratégia da acomodação no gerenciamento de conflitos acaba satisfazendo o interesse do outro e não o seu.
   a) I, II, III e IV.
   b) I, II e III.
   c) I e III.
   d) II e IV.
   e) I e IV.

2. No que se refere à gestão de conflitos em uma organização, considere as afirmativas a seguir:
   I. Quando os objetivos de um grupo interferem nos objetivos de outro grupo, é quase certo que haverá conflito entre eles.
   II. Um gerente, para ser eficiente, deve resolver todo tipo de conflito na organização.
   III. Os conflitos geram repercussão positiva quando orientam a organização para a verificação de possíveis problemas, a fim de se reorganizar.
   IV. Todo conflito gerado nas organizações é negativo.

Está correto o que se afirma apenas em:

a) I, II, III e IV.
b) I, II e III.
c) I e III.
d) II e IV.
e) I e IV.

3. O conceito de *negociação* varia muito entre os estudiosos da área, como qualquer outro conceito. A quantidade de definições para o termo *negociação* é, hoje, bastante significativa. No entanto, percebem-se características comuns entre todos os conceitos estudados.

Com relação ao conceito de *negociação*, assinale a alternativa correta:

a) A negociação apresenta como princípio fundamental um acordo entre partes distintas, visando chegar a um resultado comum.
b) A negociação ocorre quando os dois lados buscam satisfazer suas necessidades sem se preocupar com o bem-estar do outro.
c) A negociação representa somente resolver problemas pontuais e imediatos.
d) Negociar envolve sempre uma terceira pessoa, de preferência um juiz preparado para que o processo aconteça.
e) A negociação independe do poder de barganha, pois somente questões éticas e direcionamentos objetivos são suficientes para que haja um acordo entre as partes.

4. *Barganhar* é o ato de trocar um serviço, um produto ou um objeto por outro. O poder de barganha muda de acordo com as possibilidades que se apresentam e com a força de quem negocia. Portanto, para que haja a barganha, é preciso no mínimo dois lados: o fornecedor e o comprador. Sobre essa questão, assinale a alternativa correta:
   a) O poder de barganha dos fornecedores é igual ao dos compradores.
   b) O poder de barganha do comprador representa a capacidade de troca dos clientes com as organizações.
   c) O poder de barganha do fornecedor é sempre mais forte do que a do comprador.
   d) O poder de barganha do comprador é sempre mais fraco do que a do fornecedor.
   e) O poder de barganha do comprador e do fornecedor não interfere no processo de negociação.

5. (Enade, 2012) Muitos problemas de comunicação em negociação podem ser atribuídos à falta de treinamento específico para se ouvir bem. Para ouvir bem, você tem que ser objetivo. Isso quer dizer que você tem que entender as intenções do seu oponente, o que ficou nas entrelinhas, e não somente aquilo que você quer ouvir. A cada nova frase dele, você deve se perguntar: "Por que ele me disse aquilo? Como ele pensou que seria minha reação? Ele estava sendo honesto?", e daí por diante. Os melhores negociadores invariavelmente são os melhores ouvintes. Por que existe essa correlação? Quando eles estão negociando, prestam muita atenção na entonação, ritmo, altura e demais detalhes da voz. Negociadores experientes também observam atentamente os sinais não verbais e analisam se são condizentes

com o que está sendo falado. Essa postura do negociador faz com que ele construa relacionamentos duradouros entre as partes, o que facilita alcançar objetivos que beneficiem a todos os envolvidos na negociação.

MIRANDA, M. **Saber ouvir**: o segredo para a boa negociação. Disponível em: <http://www.novomilenio.inf.br/ano01/0101a010.htm>. Acesso em: 10 jul. 2012 (adaptado).

O texto aponta um dos grandes desafios na construção das habilidades de um bom negociador. A esse respeito e a partir do texto, avalie as afirmações a seguir:

I. O bom negociador é aquele que lê nas entrelinhas para compreender as necessidades básicas do outro, com o intuito de tirar vantagem, e não de atender o outro, construindo assim uma relação de negociação que se pode denominar *ganha-perde*.
II. É importante a postura racional do negociador para que consiga articular suas habilidades humanas, técnicas e conceituais, tais como: objetividade no equacionamento dos problemas, interpretação do comportamento das pessoas e apresentação de propostas concretas.
III. Negociação não é uma arte, como se considerou por muito tempo, mas uma habilidade que pode ser construída com treinamento comportamental e/ou técnico.
IV. O autor do texto resgata a negociação como processo de comunicação bilateral cujo objetivo é como anunciado, buscar decisões conjuntas que satisfaçam ambos os lados.

É correto apenas o que se afirma em:

a) I e II.
b) I e III.
c) III e IV.
d) I, II e IV.
e) II, III e IV.

6. Um planejamento deficiente coloca em risco a negociação. Para que haja excelência e sucesso, o negociador precisa seguir etapas que o auxiliarão no planejamento e na execução do processo. Identifique essas etapas e suas principais características.

Questão para reflexão

Atualmente, é preciso negociar cada vez melhor. Para tanto, é essencial que se entenda as formas de se chegar a um consenso que seja bom para ambos os lados. É preciso buscar um acordo. A grande questão é a qualidade da negociação, ou seja, se ela atende aos interesses das partes envolvidas ou apenas de uma delas, em detrimento dos interesses da outra. Para se negociar, é preciso que o negociador domine algumas habilidades e competências. Reflita sobre três competências e discorra sobre elas.

Para saber mais

A CHAVE do sucesso. Direção: John Swanbeck. EUA: Paramount Pictures, 1999. 90 min.

O filme conta a história de três empregados de um laboratório no Kansas, EUA, que, por meio de uma reunião, tentam atrair o presidente de uma grande companhia para conseguir um contrato de venda de um produto que eles representavam – situação diária das empresas. Esses empregados fariam de tudo para conseguir essa negociação.

O INFORMANTE. Direção: Michael Mann. EUA: Disney/Buena Vista, 2000. 200 min.

Esse filme trata de uma história real, que relata um fato ocorrido em uma empresa de cigarros com a qual uma jornalista está sempre em conflito, gerando discussões profundas relacionadas à ética, à confiança e ao sigilo, sempre mostrando o poder das grandes empresas.

Questões da negociação

Conteúdos do capítulo:

- Questões importantes no processo de negociação.
- O desenvolvimento da competência negocial.

Após o estudo deste capítulo, você será capaz de:

1. identificar o momento correto para participar de uma negociação;
2. reconhecer as principais habilidades e competências necessárias a um bom negociador.

Como vimos no capítulo anterior, a negociação é um acordo entre duas ou mais partes em conflitos, a fim de se chegar a um denominador comum, em que todas as partes saiam satisfeitas sem que haja um vencedor. Negociar, portanto, é um processo de comunicação entre dois lados, com o objetivo de se chegar a uma decisão conjunta e adequada para todos.

4.1 Questões importantes no processo de negociação

Negociação é um processo interpessoal e intrapessoal de tomada de decisão, sempre necessário quando não é possível atingir objetivos pessoais ou grupais. Seja ela simples, seja complexa, na negociação os dois lados podem ter interesses comuns, conflitantes ou que se complementam. Portanto, negociar só tem sentido se ambos os lados estiverem presentes (Almeida; Martinelli, 2009).

Para Almeida e Martinelli (2009, p. 29) "quase sempre confundimos negociação com outras formas de solução de conflitos. As negociações, em sua essência, envolvem concessões. Negociação é [...] muito mais do que simplesmente persuasão".

Negociamos constantemente, mesmo sem perceber: quando resolvemos um problema, escolhemos um caminho, finalizamos uma compra ou definimos as tarefas que vamos executar. A negociação, portanto, não se configura como uma prática obscura, mas sim como uma troca entre o possível e o necessário.

Segundo Haiffa (1985), negociação é um processo de tomada de decisão conjunta, por meio da comunicação, direta ou implícita, entre duas ou mais pessoas, a fim de se chegar a um acordo com mútuo benefício. Negociação também é atividade central na diplomacia, na política, na religião, no direito e na família.

De acordo com Fisher, Patton e Ury (2005, p. 15), "a negociação é um meio básico de conseguir o que se quer de outrem. É uma comunicação bidirecional concebida para chegar a um acordo, quando você e o outro lado têm alguns interesses em comum e outros opostos".

Na verdade, negociar envolve um processo de troca entre duas ou mais pessoas, visando contemplar os desejos e as necessidades de ambos os lados, em que todos devem sair vencedores ou satisfeitos; para isso, um dos lados (ou, às vezes, ambos) deve ceder. Assim se configura uma negociação saudável em que todos ganham.

Na visão de Alyrio, Andrade e Macedo (2004, p. 11):

> A arte de negociar faz parte do dia a dia das pessoas e não somente das organizações. Para atingir um objetivo, seja na vida pessoal, seja na vida profissional, as pessoas precisam negociar. [...] Quanto maior a interdependência, maior o conflito. Negociar, portanto, tornou-se, nos dias de hoje, uma das maiores habilidades humanas. Por isso, sua relevância na gestão.

Negociar envolve a resolução de objetivos divergentes por meio da redefinição das ações, dos termos e das regras, razão por que constitui-se a articulação de ações entre os envolvidos, para produzir um resultado satisfatório que contemple a todos.

Para Glinow e Mcshane (2014, p. 304):

> A negociação não é uma prática obscura, reservada [...]. Todo mundo negocia, todos os dias. Na maioria das vezes, você sequer percebe que está envolvido em uma negociação. As negociações são particularmente evidentes no local de trabalho, pois os funcionários trabalham interdependentemente uns com os outros.

Portanto, negociar é um ato comum e natural na vida de todos nós. Negociamos todos os dias, em maior ou menor grau, de forma evidente ou velada. Mello (2005, p. 12) reforça essa afirmação quando diz:

> Existem formas diferentes de negociar que devem ser utilizadas como ferramentas para alcançar seus objetivos como negociador, não só no plano profissional, como também no plano pessoal, já que estamos constantemente realizando negociações com todos aqueles que nos cercam, mesmo que não percebamos os fatos.

Assim, a negociação sempre esteve presente nas relações humanas e sempre estará; onde houver duas ou mais pessoas interagindo, haverá uma negociação. É preciso, no entanto, analisar com abrangência o ambiente e o contexto em que se está inserido.

4.2 Questões relevantes na negociação

O processo de negociação envolve algumas questões relevantes, as quais muitas vezes são negligenciadas ou deixadas em segundo plano, dificultando-o. Abordaremos, neste momento, três itens que abordam essas questões:

1. A **personalidade** do negociador e sua influência para a efetivação do processo.
2. A **questão de gênero**, com enfoque nas características masculinas e femininas para a negociação.
3. A **cultura** ou as diferenças culturais e sua influência na negociação.

Cada um desses itens será analisado detalhadamente a seguir.

4.2.1 Personalidade

A personalidade do negociador é um dos fatores que afetam a resolução de conflitos. Pessoas mais enfáticas e objetivas tendem a gerar conflitos, pois a outra parte da negociação pode entender que essas pessoas com ações mais diretas estão sendo agressivas. Pessoas mais tranquilas, por sua vez, com traços de personalidade mais passivos, tendem a resolver ou evitar conflitos. A diferença entre as características de personalidade pode gerar discordância entre as pessoas, implicando conflitos constantes caso nenhum dos lados tome a decisão de ceder.

Pessoas mais abertas, falantes e ativas tendem a tomar a frente dos problemas e das ações e, por isso, não são bem aceitas quando estão entre pessoas retraídas, gerando discordância de pensamentos e, consequentemente, conflitos. Assim, podemos concluir que o estilo de negociação escolhido pelo negociador reflete sua personalidade.

Com base nos estudos de Carl Jung sobre os tipos psicológicos, Hirata (2007, citado por Fialho; Silva; Teixeira, 2015, p. 9) chegou a quatro estilos de negociador, quais sejam: controlador, analítico, apoiador e visionário.

1. **Controlador**: O negociador orienta-se para os resultados finais, enfatizando as vantagens competitivas que a outra parte obterá no fechamento do negócio. Busca a satisfação dos interesses próprios, independentemente do impacto que possam causar à outra parte envolvida. É decisivo, confiante e rápido; aplica uma abordagem controladora e dominante. Busca o controle do fluxo de informações, tendendo a ouvir e a responder bem quando há concordância com o seu ponto de vista e ignorando questões e comentários que pareçam não estar de acordo com a sua lógica. Direto, sucinto e determinado, expressa-se com convicção tão forte que a outra parte pode se sentir ameaçada ou coagida.
2. **Analítico**: Tende a usar uma abordagem cuidadosa e sofisticada, enfatizando dados e fatos em todas as fases da negociação. Procura antecipar todas as possibilidades, incluindo muitos detalhes. Sua abordagem é baseada na razão e orientada para os fatos. O tempo excessivo utilizado na negociação pode provocar impaciência e irritação na outra parte. Pode ser prolixo ou enfadonho. Estruturado com ênfase na troca de informações, tem ouvido atento quando conversa com a contraparte.
3. **Apoiador**: Orientado para o relacionamento, enfatiza "quem" é a outra parte, analisando sua personalidade, seus motivos e suas necessidades. Sempre que possível, tenta usar ou desenvolver uma ligação pessoal com a contraparte. Pode enfatizar em demasia as informações pessoais ou psicológicas, deixando de se concentrar nos objetivos da negociação. Foca sua apresentação na palavra e no seu charme pessoal. Tende a acreditar que todos gostam de espontaneidade e, assim, pode perder a força de impacto ou de interesse daqueles que priorizam o planejamento, a organização e a estrutura.

4. **Estilo visionário**: Grande ênfase em determinar os dados relevantes do negócio e seus planos para o futuro, orientado a ações de longo prazo. Ao apresentar os benefícios na negociação, tende a apelar ao desejo de reconhecimento da contraparte. Valoriza os aspectos ligados à alta tecnologia, mostrando entusiasmo e interesse por esse quesito. Demonstra-se mais interessado com as próprias ideias do que com as necessidades da outra parte. Pode ser desligado, ouve seletivamente e, se a interação com a outra parte não lhe agrada, busca refúgio em seus pensamentos.

Figura 4.1 – Estilos de negociador

Controlador	◆ O negociador enfatiza as vantagens competitivas que a outra parte obterá no fechamento do negócio ◆ É decisivo, confiante e rápido ◆ Busca o controle do fluxo de informações, tendendo a ouvir e responder bem quando concordam com seu ponto de vista, no entanto, ignora questões e comentários contrários a sua vontade
Analítico	◆ Enfatiza os dados e fatos em todas as fases da negociação ◆ Utiliza abordagem baseada na razão e orientada para os fatos ◆ Pode ser prolixo ou enfadonho e tem ouvido atento quando está em situação de diálogo

Visionário	• Valoriza os aspectos ligados à alta tecnologia • Demonstra-se mais interessado com as próprias ideias do que com as necessidades da outra parte • Tende a ser desligado e a ouvir seletivamente
Apoiador	• Analisa a personalidade da outra parte, seus objetivos e suas necessidades • Foca sua apresentação na palavra e no charme pessoal • Acredita que todos gostam de espontaneidade, podendo perder a força de impacto ou de interesse daqueles que priorizam o planejamento, a organização e a estrutura

Fonte: Adaptado de Hirata, 2007, citado por Fialho; Silva; Teixeira, 2015, p. 9.

Além do estilo de negociação, conhecer o perfil psicológico dos envolvidos nas negociações pode ser um diferencial nas estratégias de venda e na ampliação de mercados.

O estudo dos perfis psicológico das pessoas, de acordo com suas características, personalidades, atitudes e estilos de vida, tem sido amplamente utilizado por várias empresas em mercados competitivos. Percebe-se, porém, que o sucesso comercial frequentemente depende não apenas da seleção adequada de um perfil psicológico, mas, em grande parte, de como os negociadores sabem interagir com perfis diferentes do seu.

4.2.2 Gênero

Homens e mulheres tendem a negociar de forma diferente, pois apresentam características díspares. As mulheres são mais detalhistas, prestam mais atenção ao relacionamento entre as partes e tendem a ser mais conscienciosas, agradáveis e voltadas para a solução do conflito sem envolver um terceiro, portanto, são mais dispostas a negociar evitando conflitos. Segundo Chiavenato (2014, p. 319), "a feminilidade enfatiza valores femininos, como preocupação com os outros que prevaleçam na sociedade".

Os homens são mais pragmáticos, objetivos e tendem a ser mais competitivos, portanto, menos propensos a abrir mão de sua parte no contexto. Assim, tendem a negociar em menos tempo, forçando, algumas vezes, o conflito. Para Chiavenato (2014, p. 319), "a masculinidade retrata o grau de valores tradicionalmente masculinos, como assertividade, materialismo e falta de preocupação com os outros que prevaleçam na sociedade".

4.2.3 Cultura

As diferenças culturais são mais do que apenas fonte de conflito; elas influenciam os estilos de resolução do conflito.

O processo de globalização – que envolve a economia, a finança, as organizações, entre outros aspectos vivenciados atualmente – exige um conhecimento mais aprofundado de outras culturas com as quais as empresas e as pessoas pretendem interagir a fim de obter a competência necessária para que a negociação aconteça a contento.

Quando falamos em *cultura*, não só nos referimos à cultura de países diferentes, mas também às culturas regionais e locais, que são representadas pelas organizações em seus estilos de negociação.

> É preciso ter em mente o fato de que mesmo o indivíduo pertencendo a uma mesma cultura as representações e significações são diferentes. E quando se trata de negociação estamos falando de vários indivíduos sentados numa mesa e consequentemente uma pluralidade de representações e significações. Isso já denota por si só a complexidade de um processo de negociação e a necessidade de compreensão da importância do conhecimento da cultura neste processo. *(Rockert, 2015, p. 1)*

Quando o negociador percebe que o envolvimento cultural e sua interferência no processo de negociação são significativos, ele entende a complexidade da diversidade cultural.

Entender a cultura significa conhecer uma relação de elementos que a compõem, seus sistemas de valores e níveis de comunicação.

Para Glinow e McShane (2014, p. 299) "os valores e as normas culturais influenciam o estilo de resolução de conflitos mais usado em uma sociedade, mas também representam uma contingência importante quando os estranhos escolhem a abordagem preferencial de resolução de conflitos".

Quando pensamos em cultura internacional, devemos entender a cultura do local em que a organização se encontra, as leis, as normas e os regulamentos, além de ter domínio da língua, saber qual será a moeda de negociação e o câmbio praticado.

Além disso, é preciso entender a linguagem corporal, o idioma local, valores, crenças, expressões, vestimentas, hábitos alimentares, elementos importantes e que se mostram fundamentais para o sucesso das negociações internacionais

Negociar, portanto, não envolve somente o domínio de métodos e técnicas, como se aprende nos contextos formais e nos manuais, mas também o domínio de habilidades de relacionamento, de línguas, de aspectos culturais e comportamentais, além de aspectos psicológicos para lidar com as emoções que podem interferir na negociação.

As negociações internacionais assumiram, nos últimos anos, em decorrência da globalização, importância cada vez maior. Por essa razão, o desenvolvimento e as habilidades necessárias para contemplar as negociações internacionais, que envolvem aspectos culturais de cada país, são cada vez mais relevantes.

Assim, de acordo com Almeida e Martinelli (1998, p. 43), um negociador de nível internacional deve estar apto e bem informado a respeito de uma série de pontos fundamentais para sua atividade, tais como:

- as habilidades internacionais de negociação que são críticas para o seu sucesso;
- a grande amplitude e variedade de acordos e negócios realizados em nível internacional;
- a frequência e a constância cada vez maior de investimentos feitos pelas empresas em nível mundial;
- a emergência e a realidade já presentes em uma economia cada vez mais globalizada, com a queda das barreiras entre os países.

Assim, ao pensarmos em negociações internacionais, devemos ter conhecimento da importância da análise do ambiente, dos aspectos culturais, sociais e políticos da organização e de seu contexto. Durante muitos anos, os negociadores se preocuparam apenas com os aspectos ligados à sua cultura de origem, sua economia, relativamente fechada para o mercado externo. No entanto, a abertura do mercado internacional, em virtude sobretudo da globalização, levou a grandes negociações e, por isso, exigiram do negociador outras habilidades e competências diante da complexidade dos problemas a serem enfrentados.

4.3 O desenvolvimento da competência negocial

Desenvolver o perfil do negociador é algo premente para que as organizações permaneçam atuantes no mercado. Esse mercado exige dos profissionais o domínio de habilidade que, integradas, levem o negociador à competência necessária para negociar com outras culturas.

Um negociador deve entender que as pessoas carregam consigo algumas estruturas de apoio, elementos da cultura e da história pessoal, para a mesa de negociação. Essa estrutura de apoio é constituída dos valores que o negociador apreendeu ao longo da sua experiência pessoal e profissional e que ficam mais fortes, mais aflorados, no momento de negociação.

> A construção desse conhecimento fará uma enorme diferença no perfil do negociador se ele for uma pessoa que tem uma percepção cultural ampla, dos traços e valores de determinada(s) cultura(s), seja porque

> interagiu com essas culturas e introjetou a experiência, seja porque busca um entendimento da diversidade cultural. Essa amplitude em relação a [sic] diversidade de culturas permitirá ao negociador interagir com maior flexibilidade em relação a outras culturas, entender que respeitar a cultura do outro não significa submissão. Significa integração, interação e interpelação das culturas de tal maneira que é importante que os dois lados sintam que tiveram sucesso na negociação, uma vez que estão em cena não só os valores das pessoas, mas também das organizações. Então podemos dizer que esse profissional tem um perfil de negociador diferenciado. *(Rockert, 2015)*

Um dos grandes desafios nesse processo de desenvolvimento do perfil do negociador é focar o processo de negociação não só na aplicação de técnicas de negociação, mas no domínio de outras qualidades necessárias para se chegar a um acordo final. É preciso trabalhar aspectos gerais da cultura na qual vai atuar, além do domínio dos contextos local e global.

O domínio de técnicas, associado aos aspectos culturais, psicológicos, econômicos, resulta na competência de atuação do negociador.

O que esperamos é que os profissionais sejam competentes para agir nos diferentes cenários organizacionais e que ampliem seu foco em relação às questões que envolvam a negociação. É preciso que esses negociadores entendam que:

> apesar de ser do cotidiano dentro da empresa o processo de negociação tem nuances e sutilezas muito importantes que devem passar por um processo de planejamento antecipado, de tal maneira que a empresa

conte com verdadeiros negociadores que sejam capazes de levar os seus princípios, valores e cultura empresarial para qualquer processo de negociação tendo a flexibilidade e a capacidade de estabelecer processo interativo e de respeito onde a cultura seja um aliado do processo de negociação. *(Rockert, 2015)*

Portanto, tempo, *know-how*, flexibilidade, paciência e perseverança são características-chave para uma boa negociação.

Estudo de caso

Quando as companhias japonesas começaram a fabricar nos Estados Unidos, muitas pessoas riram de algumas de suas esquisitices empresariais, como os exercícios, antes do trabalho, mas os analistas ficaram também abalados com a eficiência do estilo japonês de administração. Agora, estão chegando os coreanos, instalando suas próprias fábricas e trazendo sua versão de "harmonia" administrativa.

Dúzias de organizações sul-coreanas já abriram escritórios nos Estados Unidos e duas iniciaram operações e fabricação. O Grupo Lucky-Goldstar abriu em 1983 uma fábrica de aparelhos de televisão a cores em Hunstville, no Alabama e agora está alvoroçado com planos de expansão. Em 1985, o Grupo Samsung também começou a produzir TVs a cores, numa fábrica em Roxbury Township, em Nova Jérsei.

Apostando na possibilidade de fabricar com lucros nos Estados Unidos, exatamente quando os industriais americanos reclamam amargamente e até mesmo vão para outros países por causa da competição estrangeira, os coreanos contam com a capacidade de fundir aos métodos americanos seu estilo tradicional de administração.

O estilo coreano é semelhante ao já bem mais conhecido estilo japonês apesar de especialistas dizerem que os coreanos dispõem-se mais a casar suas técnicas com os métodos americanos. A administração coreana estimula uma atmosfera familiar, onde os empregados interagem livremente com os executivos e compartilham um forte comprometimento com o sucesso da empresa.

Agindo mais como um patriarca gentil do que como o presidente da fábrica da Goldstar of América, P. W. Suh assumiu a tarefa delicada de enxertar em Dixie os princípios de administração coreanos. O Sr. Suh admite ter havido momentos constrangedores – como a relutância de alguns trabalhadores americanos em usar uniformes – mas empregados e administradores geralmente apreciam o resultado.

"Você não acreditaria no que a Goldstar faz por nós", diz Rachei Cothren, fazendo uma pausa em seu trabalho na linha de montagem. "Meu marido estava no hospital, para uma grande cirurgia, e alguns membros da administração vieram me apoiar o tempo todo. O Sr. Suh veio e ficou comigo na UTI, e trouxe livros e revistas."

Essa imagem, cuidadosamente cultivada, de uma empresa imbuída de consideração que lembra uma família feliz, é característica do estilo coreano de administrar. Mas essa consideração não é gratuita. Ela se destina a manter os sindicatos à distância e a estimular na força de trabalho o tipo de lealdade e de entusiasmo que irá gerar mais televisores por hora do que são conseguidos pelo estilo americano de administrar. Uma medida desse sucesso é a média de 1% na taxa diária de absenteísmo na Goldstar, comparada com os 5% das empresas americanas.

A ideia é importar métodos coreanos de administração, ao invés de televisores coreanos. Esses métodos estão associados a um milagre econômico que produziu nos últimos 25 anos um crescimento econômico na Coreia do Sul ainda mais acelerado do que no Japão. O crescimento coreano foi três vezes mais rápido do que o dos Estados Unidos. A principal arma no arsenal coreano é sua filosofia de administração, o que os coreanos chamam de *inhwa*, ou harmonia. Na Coreia do Sul, a Lucky-Goldstar é um exemplo dessa teoria.

"Se estivermos com pressa, podemos pedir aos empregados que tenham a consideração especial de fazer as coisas de modo diferente", diz D. H. Koo, presidente das operações internacionais para o Grupo Lucky-Goldstar, explicando a abordagem coreana. "E eles vão atender. Mas nos Estados Unidos, talvez eles não liguem se houver pressa."

O Sr. Koo e seus colegas nas salas de diretoria da Lucky-Goldstar desejam que os empregados da fábrica de Huntsville sejam solidários com a empresa e, para isso, estão tentando transplantar a *inhwa*. "Espero dedicação e lealdade no futuro, se ajudarmos a nossa família," disse o Sr. Suh, usando o termo família para se referir à sua força de trabalho.

Falar aos empregados sobre os objetivos da empresa e até mesmo pedir ajuda são princípios básicos da Goldstar.

"Reuniões de família" são feitas mensalmente com todo o pessoal, e as discussões sobre qualidade são programadas a cada duas semanas. Além disso, são usadas bonificações para aumentar o entusiasmo. Cerca de três dias por semana os trabalhadores recebem um bônus – no valor de uma hora extra de trabalho – caso suas linhas de montagem tenham aumentado a produção mantendo os níveis de qualidade. Os empregados também recebem 50 dólares em dinheiro caso não faltem a um único dia de trabalho durante três meses.

Métodos semelhantes de administração são usados na fábrica da Samsung em Roxbury Township. Ali também os empregados são chamados de família, e é enfatizada a interação entre trabalhadores e executivos.

Um dos motivos para os coreanos terem começado a fabricar nos Estados Unidos é seu medo de que regras protecionistas mantenham seus produtos fora dos mercados americanos. Em várias ocasiões, a Goldstar viu-se diante de tribunais dos EUA, acusada de *dumping* (ou seja, de oferecer produtos por menos do que o seu valor real). No caso mais recente, a Goldstar foi um dos principais acusados num processo que alegava que equipamentos telefônicos para pequenas empresas no valor de 275 milhões de dólares tinham sido *dumped* (subapreciados), o que viola a lei americana.

A despeito de seus esforços, a Goldstar está achando particularmente difícil penetrar no mercado americano, porque a empresa não tem um produto de marca conhecida e os clientes já criaram lealdade por produtos americanos e japoneses. Além disso, as mudanças políticas na Coreia do

Sul estão ameaçando a filosofia e a viabilidade econômica da Goldstar e de outras *chaebol* (palavra coreana para grandes empresas de propriedade e direção familiar). As *chaebol* já foram o orgulho do país e podiam contar com um governo autoritário para pagar suas contas, colocar os sindicatos fora da lei, manter os salários baixos e barrar a competição estrangeira. Hoje em dia, entretanto, a Coreia do Sul está ficando mais democrática e igualitária, de modo que as *chaebol* perderam os favores. As greves de trabalhadores ajudaram os salários coreanos a subir em 60%, solapando uma das vantagens básicas que os produtores coreanos tinham sobre os competidores. As autoridades do governo esperam que empresas menores e mais ágeis liderem no futuro a economia coreana e, por isso, cortaram a ajuda às *chaebol*.

Essas mudanças ameaçam a sobrevivência das *chaebol*. A estratégia comum a elas tem sido a de deixar empresas americanas e japonesas desenvolverem novos produtos, que elas então copiam e fabricam com a barata mão de obra coreana, obtendo uma vantagem competitiva nos preços. Entretanto, dada a velocidade das mudanças tecnológicas contemporâneas, as empresas enfrentam enormes pressões para estar na linha de frente da pesquisa, para especializar seus produtos e para reagir rapidamente às mudanças. Como a Goldstar tem um comprometimento com a *inhwa* e uma abordagem democrática à administração e à tomada de decisão, ela pode estar mais bem equipada para enfrentar esses desafios do que as *chaebol* mais hierárquicas, que ainda refletem os interesses familiares. Contudo, o resultado final bom ou não da reação dessas empresas vai depender principalmente de como vai se comportar a combativa economia coreana.

Todas essas forças irão testar o vigor da capacidade gerencial e da filosofia empresarial da Goldstar. Ao fabricar nos Estados Unidos, ela obtevê importantes vantagens de mercado e um acesso mais seguro ao insaciável mercado americano de produtos de alta tecnologia. Mesmo assim, é a habilidade da Goldstar de desenvolver o espirito de *inhwa* na sua sede que poderá determinar a sobrevivência da empresa.

Fonte: Professor Cezar, 2015.

Questões

1. Descreva o método coreano de administração. Que vantagens e desvantagens ele tem em relação aos métodos americanos?

2. Como o método coreano se aproveitou dos métodos americanos?

3. Por que os industriais coreanos estão estabelecendo operações de fabricação nos Estados Unidos?

4. Em sua opinião, a entrada de fabricantes estrangeiros de produtos eletrônicos tem um impacto positivo ou negativo na indústria eletrônica americana? Explique.

5. O sucesso recente de multinacionais japonesas e coreanas pode ser melhor explicado por fatores políticos, econômicos ou culturais?

Síntese

Negociar envolve algumas questões relevantes, as quais muitas vezes são negligenciadas e deixadas em segundo plano, dificultando o processo de negociação.

Neste capítulo, vimos que a personalidade é um dos fatores que pode afetar o processo de negociação, uma vez que pessoas com personalidades mais assertivas tendem a gerar mais conflitos, ao passo que aquelas de características mais passivas costumam evitá-lo.

Além da personalidade, as características distintas dos diferentes gêneros também podem influenciar esse processo. Homens e mulheres tendem a negociar de formas diferentes. Mulheres tendem a ser mais voltadas para a solução do conflito; já os homens são mais pragmáticos, objetivos e tendem a ser mais competitivos, portanto, menos propensos a abrir mão de sua parte no conflito.

Outro aspecto que pode afetar a negociação refere-se ao conhecimento da cultura, não só de países diferentes, mas também regionais e locais, para que seja possível compreender melhor as organizações e seus estilos de negociação.

Questões para revisão

1. Para Almeida e Martinelli (2009, p. 29) "Quase sempre confundimos negociação com outras formas de solução de conflitos. As negociações, em sua essência, envolvem concessões. Negociação é [...] muito mais do que simplesmente persuasão".

Com relação à negociação, assinale a alternativa correta:

a) Na negociação, os envolvidos discutem e compõem o conflito com a presença de uma terceira pessoa.
b) Na negociação não há a participação de terceiro escolhido pelas partes envolvidas no conflito.
c) Na negociação não há a participação de terceiro, as pessoas em conflito buscam, por si só, a resolução do seu problema.
d) Na negociação não há a participação de terceiro. O conciliador faz sugestões, interfere e oferece conselhos para a solução do conflito.
e) Na negociação há a participação de terceiros, a fim de auxiliar o entendimento entre as partes envolvidas.

2. O estilo de negociação escolhido pelo negociador reflete sua personalidade. Com base em estudos realizados por Carl Jung sobre os tipos psicológicos, Hirata (2007, citado por Fialho; Silva; Teixeira, 2015, p. 9) chegou a quatro estilos de negociação, quais sejam: controlador, analítico, apoiador e visionário.

Com relação ao estilo analítico, assinale a afirmativa correta:

a) Tende a usar uma abordagem cuidadosa e sofisticada, enfatizando dados e fatos em todas as fases da negociação. Procura antecipar todas as possibilidades incluindo muitos detalhes.
b) Aplica grande ênfase em determinar os dados relevantes do negócio e seus planos para o futuro, orientado a ações de longo prazo.
c) Orientado para o relacionamento, enfatiza "quem" é a outra parte, analisando sua personalidade, seus motivos e suas necessidades.

d) Nesse estilo, o negociador orienta-se para os resultados finais, enfatizando as vantagens competitivas que a outra parte obterá no fechamento do negócio.

e) Nesse estilo, o negociador estimula a participação dos envolvidos a fim de discutirem os problemas existentes, realizando uma análise pormenorizada das questões levantadas.

3. O estudo dos perfis psicológico das pessoas, de acordo com suas características, personalidades, atitudes e estilos de vida, tem sido amplamente utilizado por várias empresas em mercados competitivos.

Com relação ao estilo apoiador, responda:

a) Apresenta-se decisivo, confiante e rápido, aplica uma abordagem controladora e dominante.

b) Estruturado com ênfase na troca de informações, tem ouvido atento quando em conversa com a contraparte.

c) Ouve seletivamente e, se a interação com a outra parte não lhe agrada, busca refúgio em seus pensamentos.

d) Enfatiza "quem" é a outra parte, analisando sua personalidade, seus motivos e suas necessidades. Sempre que possível, tenta usar ou desenvolver uma ligação pessoal com a contraparte.

e) Apoia sempre o lado mais fraco, para que a negociação seja boa para ambos os lados, resultando em uma negociação ganha-ganha. É sempre atencioso e atento.

4. (Enade, 2012) Uma das características necessárias a um profissional da área de Recursos Humanos é a capacidade de negociação. Para se implantar um programa de remuneração estratégica em uma organização tradicional é preciso seguir um sistema de princípios, buscando-se adequar o modelo ao tipo de gestão da organização.

No que concerne aos princípios aludidos no texto, avalie as afirmações abaixo.

I. Para se aplicar o princípio do valor de recompensa em uma empresa tradicional, é preciso negociar com os gestores o pagamento de salários fixos compatíveis com a estratégia de remuneração adotada pela empresa, além de se instituir bônus aos diretores e gerentes mediante seu bom desempenho, associando, assim, a motivação à remuneração.

II. Para aplicar o princípio do desenvolvimento, o profissional de Recursos Humanos deve negociar, com a organização, a manutenção de programas de educação e treinamento contínuos oferecidos aos seus colaboradores.

III. Para negociar o princípio de atração e retenção, uma organização tradicional deve buscar jovens empreendedores, dispostos a assumir riscos, atributos ausentes no perfil de profissionais mais maduros e experientes.

IV. Em uma empresa tradicional, o princípio do *timing* de reconhecimento não deve ser negociado, devendo, nesse caso, a remuneração variável ser aplicada somente na parte variável do salário.

É correto o que se afirma em

a) I, apenas.
b) I e II, apenas.
c) II e III, apenas.
d) III e IV, apenas.
e) I, II, III e IV.

5. Embora haja características diferenciadas, com relação à questão de gênero em um processo de negociação, não há como dizer que o sexo masculino ou o feminino obtém mais ou menos sucesso ao negociar. Como você analisa a participação crescente do sexo feminino nos altos escalões de grandes organizações?

Questão para reflexão

A chave para o sucesso nas negociações entre países diferentes consiste, entre outras coisas, em compreender as características peculiares das nações envolvidas. À medida que o grau de internacionalização das empresas cresce, o entendimento dessa complexidade cultural representa um desafio ao profissional envolvido. Reflita sobre quais características são essenciais e devem ser levadas em conta num processo de negociação entre diferentes países.

Para saber mais

O PODEROSO chefão. Direção: Francis Ford Coppola. EUA: Paramount Pictures, 1972. 145 min.

Nesse filme, podemos ver algumas situações em que a negociação ocorre de diferentes formas. São vários exemplos, os quais abrangem técnicas de persuasão, assim como a necessidade de sempre estabelecer uma relação ganha-ganha.

COACH Carter: treino para a vida. Direção: Thomas Cartes. EUA: Paramount Pictures, 1999. 136 min.

Esse filme narra a história de como o treinador Ken Carter conseguiu transformar um time de basquete, formado por alunos de uma escola de periferia, em campeão. Nesse processo de formação de equipe há algumas negociações.

Negociação, mediação, conciliação e arbitragem na solução de conflitos

Conteúdos do capítulo:

- Estratégias de solução de conflitos.
- Negociação.
- Mediação.
- Conciliação.
- Arbitragem.

Após o estudo deste capítulo, você será capaz de:

1. entender a diferença existente entre os meios utilizados na solução de um problema;
2. participar de um processo de negociação.

Diferentes estratégias podem ser aplicadas na solução de um conflito: a negociação, a conciliação, a mediação e a arbitragem. A negociação não precisa envolver uma terceira pessoa, uma vez que o conflito deve ser resolvido por meio de um acordo entre as partes. Já a conciliação, a mediação e a arbitragem envolvem a participação, ainda que de forma não tão enfática, de uma terceira pessoa.

5.1 Estilos de solução de conflitos

McIntyre (2007, p. 296) afirma que "em qualquer organização a existência de conflito com baixos níveis deixa a organização vulnerável à estagnação, à tomada de decisões empobrecidas, mesmo à falta de eficácia, enquanto que possuir conflito em demasia encaminha a organização diretamente ao caos".

O conflito, portanto, não é sempre bom nem sempre mau, mas é essencial que haja uma gestão adequada para que suas consequências sejam minimizadas quando negativas e maximizadas quando positivas.

A negociação, a conciliação, a mediação e a arbitragem são métodos alternativos de solução de conflitos que não envolvem interferência do Poder Judiciário.

A gestão do conflito por meio da mediação, da conciliação ou da arbitragem, exige, no entanto, a participação de uma terceira pessoa, a qual auxiliará nos processos conflituosos. O papel de conciliar, mediar ou arbitrar um processo de conflito cabe aos gestores, no papel de conciliadores e/ou mediadores, pois apresentam formação adequada, poder e possibilidades para auxiliar as partes a geri-los.

Fayol (1990, citado por Cavalcanti, 2006, p. 17) definiu as funções do gestor de prever, organizar, comandar, coordenar e controlar os processos que acontecem nas organizações, fazendo funcionar o corpo social de uma organização.

Já Barnard (1972, citado por Cavalcanti, 2006, p. 17) conceitua o papel do gestor como o de "facilitar a conciliação de posturas conflitantes, adaptar as pessoas ao processo de cooperação, tomar decisões e incutir o senso moral".

É preciso que o gestor saiba proporcionar a interação entre os objetivos pessoais de seus colaboradores e os objetivos organizacionais, otimizando os recursos dos quais dispõe para que alcance sucesso em sua gestão, evitando maiores conflitos entre os envolvidos.

Se um conflito não for bem gerenciado (ou se for ignorado) poderá causar redução da efetividade do trabalho, desmotivação e desentendimento entre pessoas ou grupos, gerando sérios problemas ao gestor. Portanto, "é fundamental que conheça a seu ambiente de atuação, as estruturas organizacionais, as redes de poder, os processos políticos e, principalmente, o conflito, nomeadamente as suas causas, os seus sintomas, a sua dinâmica e as técnicas para atuar positivamente" (Figueiredo, 2012, p. 59).

Segundo Bernard (2000, citado por Figueiredo, 2012), para gerenciar os conflitos, o gestor deve estar atento a sua origem, causa, natureza, forma, além das atitudes que o geraram.

> Portanto, é preciso perceber que um gestor, para ser competente, deve estar atento a todos os fatores que o rodeiam, enquanto membro de uma organização,

> percebendo o surgimento do conflito, sua origem, sua causa, sua natureza, forma e atitude [...] Um aspecto essencial na função do gestor, perante o conflito, é a sua capacidade de percebê-lo a tempo suficiente para agir no sentido de geri-lo. *(Cavalcanti, 2006, p. 26)*

No entanto, nem sempre o gestor consegue um bom processo de conciliação entre as partes envolvidas. É preciso que haja mediação e arbitragem adequadas e competentes, a fim de que se chegue a um consenso entre as partes.

Os métodos usados para resolver os conflitos fazem parte de um contínuo na vida de todos nós, variando o grau de autonomia das decisões dos envolvidos. Analisaremos, nos itens a seguir, cada um desses métodos.

5.2 Negociação

Como vimos no capítulo anterior, na negociação, ao contrário do que pensamos, não há a participação de terceiro. As pessoas em conflito buscam por si mesmas a resolução do problema (autocomposição). Podem optar por incluir representantes de seus interesses, sem que haja, no entanto, a participação direta destes.

Por essa razão, a negociação deve ser, sempre que possível, o método escolhido para resolver os conflitos, evitando assim que eles atinjam dimensões maiores e de difícil resolução.

Weeks (1992, p. 10) apresenta oito passos que considera essenciais para a resolução de conflitos, que podem ser utilizados no processo de negociação:

1. Criar uma atmosfera efetiva.
2. Esclarecer as percepções.
3. Focalizar-se em necessidades individuais e compartilhadas.
4. Construir um poder positivo compartilhado.
5. Olhar para o futuro e aprender com o passado.
6. Gerar opções.
7. Desenvolver "degraus": as "pedras dos passos" para a ação.
8. Estabelecer acordos de benefícios mútuos.

Assim, a negociação é o melhor dos métodos para a solução de conflitos, pois é por meio dela que as partes chegam a uma solução satisfatória, ao contrário da mediação e da arbitragem, nas quais as soluções sempre dependem da intervenção de terceiros.

5.3 Conciliação e mediação

A conciliação é comumente confundida com a mediação, porém são métodos distintos. Na primeira, o conciliador faz sugestões, interfere, oferece conselhos. Na segunda, o mediador facilita a comunicação, sem induzir as partes ao acordo – esse, aliás, é o objetivo primordial da conciliação. Na mediação, por outro lado, o acordo será apenas uma consequência e um sinal de que a comunicação entre as pessoas foi bem desenvolvida.

A conciliação tenta minimizar as perdas potenciais de uma negociação que entrou em sua fase de conflito e, usualmente, adota-se um mediador para dissolver os pontos de crise da relação de negociação.

Na *mediação*, como o próprio nome indica, há uma "autocomposição assistida", ou seja, os envolvidos vão expor o conflito, com a presença de uma terceira pessoa, que é o mediador, isto é, aquele que medeia o processo. Este deve ser imparcial, o que significa que ele não pode tender para nenhum dos lados do conflito nem influenciar ou persuadir as pessoas a entrar em acordo, mas agir quando solicitado. Por isso, o mediador deve ter uma visão ampla e sistêmica do problema, para assim escolher o melhor caminho. De acordo com Lucilio (2015) "O mediador é a pessoa que ajuda as partes a identificar, discutir e resolver as questões do conflito, buscando transformar o adversário em partícipe de um processo de solução cooperativa".

A mediação pode ser utilizada como forma de auxiliar as partes envolvidas a superar um conflito em que os impasses e as diferenças não foram resolvidos no processo de negociação.

No processo de mediação, existe a preocupação de (re)criar vínculos entre as pessoas, estabelecer pontes de comunicação, transformando e prevenindo os conflitos ou evitando que aqueles já existentes se agravem.

Por isso, compete ao mediador auxiliar as partes envolvidas na busca de melhores acordos, superando os problemas impostos por elas, a fim de haver ganhos para ambos os lados. Por meio de técnicas específicas de psicologia e negociações legais, o mediador ajuda as partes a restabelecer o processo de comunicação e a avaliar os objetivos e as opções disponíveis, buscando a satisfação das partes envolvidas (Lucilio, 2015).

A mediação é baseada em regras e procedimentos preestabelecidos, que possibilitam às partes envolvidas uma negociação de forma efetiva.

Embora haja variações no processo de negociação, os elementos básicos são os mesmos. Um mediador, escolhido pelas partes, que medie o conflito sem, no entanto, interferir nas decisões deve exercer um papel importante no processo de resolução. Conforme Amendola (2001, p. 107):

> A função básica do mediador é fazer com que as partes definam algumas regras de procedimentos, concordem em se ouvir mutuamente e, finalmente, levar as partes a uma solução negociada entre elas. É importante destacar que o mediador não deve resolver a disputa, mas fazer com que as partes cheguem à melhor solução por sua própria conta.

O mediador ouvirá as partes envolvidas, a fim de entender os interesses, prioridades e dificuldades, de modo a compreender os problemas não solucionados durante a negociação.

Segundo Hiam, Lewicki e Olander (1996, p. 187), alguns pontos são indispensáveis para que uma mediação seja bem-sucedida:

- o mediador tem de ser visto pelos envolvidos no conflito como alguém neutro, imparcial e sem vieses;
- o mediador deve ser um *expert* no campo em que aquela disputa ocorre, caso contrário, não poderá auxiliar os envolvidos;
- é preciso haver consciência por parte dos envolvidos de que o tempo é fundamental para uma mediação;
- as partes envolvidas precisam estar dispostas a fazer concessões e encontrar uma solução de compromisso.

A mediação tende a ter sucesso quando o conflito é leve ou moderado, não há envolvimento emocional elevado das partes, há motivação e intenção de que o conflito seja resolvido, os recursos não são limitados, entre outros aspectos. Por outro lado, a mediação tende a não ser bem-sucedida quando: os negociadores são inexperientes, as partes não estão dispostas a ceder e são diferentes em seus princípios e valores (Hiam; Lewicki; Olander, 1996).

5.4 Arbitragem

No Brasil, o interesse pela arbitragem foi potencializado com a promulgação da Lei n. 9.307, de 23 de setembro de 1996. Conhecida como *Lei da Arbitragem*, traz em seu artigo 3º que: "As partes interessadas podem submeter a solução de seus litígios ao juízo arbitral mediante convenção de arbitragem, assim entendida a cláusula compromissória e o compromisso arbitral" (Brasil, 1996).

Já em seu art. 9º diz que "O compromisso arbitral é a convenção pela qual as partes submetem um litígio à arbitragem de uma ou mais pessoas, podendo ser judicial ou extrajudicial" (Brasil, 1996).

Para Ghisi e Martinelli (2006, p. 201):

> a decisão de adotar a arbitragem como forma de solução de conflitos depende da vontade [...] de todas as partes envolvidas no impasse. [...] independentemente da forma de expressão da vontade das partes, caberá a elas a decisão sobre qual câmara ou árbitro recorrer, os limites de sua atuação, quais procedimentos e regras serão adotados, o tempo a ser despendido no processo e, inclusive, quais legislação e/ou princípios de equidade deverão ser adotados.

Na arbitragem, é necessária a presença de uma terceira pessoa, o árbitro, escolhido pelas partes envolvidas no conflito, o qual não pertence ao Poder Judiciário, mas é alguém apto a arbitrar o processo de forma imparcial.

> O árbitro deverá ser um técnico ou especialista no assunto em discussão para dar um parecer e decidir qual dos lados tem razão. Ao árbitro é atribuído o poder de um juiz e a sua decisão é soberana. Mas, na prática, nem sempre a parte descontente acata a decisão e às vezes acaba recorrendo à justiça comum. *(Lucilio, 2015)*

Quando ocorre um impasse na mediação e não se chega a um acordo parcial ou total, pode-se nomear um árbitro para proferir a sentença sobre o assunto pendente de solução.

> Poderão ser nomeados mais de um árbitro, bem como um Tribunal Arbitral ou qualquer órgão, público ou privado, que se disponha a atuar como árbitro. A Lei 9307/96, sancionada em 23/09/96, estabelece que as partes podem escolher um árbitro de sua confiança para proferir uma sentença. [...] A decisão do árbitro tem a mesma força da decisão de um juiz de direito e é irrecorrível quanto ao mérito. *(Lucilio, 2015)*

Quando se trata de questões trabalhistas e sindicais, a arbitragem pode ser estipulada por cláusula inserida em acordo, convenção ou contrato coletivo de trabalho, mediante a inserção da chamada *cláusula compromissória*.

A arbitragem se mostra um instrumento cada vez mais adequado para solucionar rapidamente – fora do Judiciário – conflitos entre organizações e seus colaboradores ou entre organizações entre si. É rápida, realizada por especialistas escolhidos pelos próprios envolvidos, confidencial e juridicamente segura. A arbitragem privada, além de ser mais rápida, porque é realizada fora do Judiciário, é uma ferramenta que representa a inovação para resolver os conflitos existentes de forma discreta e segura. Por essa razão, inúmeras organizações estão optando pela arbitragem em vez de disputas judiciais, que acabam sendo mais difíceis, desgastantes e onerosas (Lucilio, 2015).

Na arbitragem, as partes controlam o processo, impondo ao árbitro os limites de sua atuação, seja em relação ao tempo disponível para a decisão, seja em relação à legislação que será aplicada à solução do caso. O poder das partes, nesse método, pode gerar soluções baseadas simplesmente no princípio da equidade, não se aplicando nenhuma lei ao caso. Os procedimentos adotados para a decisão final igualmente são determinados pelas partes, impondo, assim, um meio menos formal à solução da controvérsia. Os árbitros não precisam necessariamente ser juristas, pois sua qualidade de árbitro baseia-se no domínio do conhecimento nos assuntos sobre o qual arbitrará (Lucilio, 2015).

As principais vantagens da arbitragem, segundo Hiam, Lewicki e Olander (1996, citados por Martinelli, 2002, p. 40), são:

- torna-se possível uma solução clara para as partes (embora possa não ser a opção principal de uma ou de ambas);
- há a opção de escolher ou não a solução indicada;
- os árbitros normalmente são escolhidos por serem justos, imparciais e sábios e, dessa forma, a solução vem de uma fonte respeitada e com crédito;
- os custos de prolongar a disputa são evitados. É interessante destacar que as decisões dos árbitros tendem a ser consistentes com os julgamentos recebidos dos tribunais.

Entretanto, a arbitragem, como qualquer processo de resolução de conflito, apresenta algumas desvantagens:

- as partes tendem a abandonar o controle sobre os resultados; assim, a solução proposta pode não ser a aquela que se prefere.
- as partes podem não gostar do resultado, que, às vezes, impõe-lhes custos e sacrifícios adicionais;
- se a arbitragem é voluntária, elas podem sair perdendo, caso decidam não seguir a recomendação do árbitro. (Martinelli, 2002, p. 40)

Para entendermos melhor, podemos analisar o quadro a seguir:

Quadro 5.1 – Quadro comparativo das técnicas de solução de conflitos

	Mediação	Arbitragem	Negociação	Conciliação
Decisão	Partes	Árbitro	Partes	Partes
Procedimentos	Partes, com auxílio do mediador	Regras de procedimento definidas pelo órgão/câmara	Partes	Partes como auxílio do conciliador, que não interfere
Vantagens	Relacionamento; possibilidade de recurso à arbitragem e ao Poder Judiciário	Tempo; estabilidade de decisão; segurança da decisão	Relacionamento (*a priori*)	Relacionamento
Desvantagens	Tempo e custos variáveis; recurso a outras formas de solução	Relacionamento; possibilidade de insatisfação com o resultado	Tempo e custos variáveis; possibilidade de recurso a outras formas de solução do conflito (relacionamento)	Tempo e custos variáveis; possibilidade de recursos a outras formas de solução

Fonte: Adaptado de Ghisi; Martinelli, 2006.

Ao analisar as vantagens e as desvantagens dos processos de resolução de conflitos que envolvem terceiros, podemos ponderar a conveniência de solicitar mediação ou arbitragem. É importante que se pese o estilo das pessoas envolvidas, a importância do conflito, o tempo disponível, os custos envolvidos, enfim, inúmeras situações que podem ser evitadas se o conflito for resolvido por meio da negociação.

Estudo de caso

Este exemplo foi extraído de uma das negociações realizadas pela empresa de publicidade J. Walter Thompson com seus clientes. A empresa, atuando no Brasil desde 1929, possui departamentos de criação, mídia, planejamento, pesquisa e desenvolvimento, atendimento, entre outros.

A empresa ressalta a importância dos conceitos de negociação, inclusive pelo fato de atuar num ramo em que a parceria, a habilidade, o estilo, a ética e uma boa finalização das negociações são essenciais, dirimindo possíveis conflitos sem utilizar subterfúgios e truques que denigram o relacionamento cliente-agência, de forma que o ápice da negociação seja alcançado, isto é, um acordo ganha-ganha.

A negociação analisada deu-se com a Gessy Lever, produtora do sabonete Lux Luxo e Lux Suave (desde a década de 1960), e envolvia valor monetário de uma campanha a ser desenvolvida pela agência, já que em 1986 a Gessy Lever perdia participação de mercado nesse segmento.

A perda ocorria em virtude do surgimento de novas opções do mesmo produto (sabonete), a perda da imagem do produto de alta qualidade e também ao fato de ter ocorrido mudança no comportamento feminino a partir dos anos 1970: as mulheres substituíram o ideal de se tornar uma estrela de cinema para tornarem-se mulheres dinâmicas do dia a dia, engajadas no mercado de trabalho, lutando por seu próprio espaço. Então, anteriormente, a estratégia utilizada pela Gessy Lever era a de atrair as mulheres que queriam consumir o sabonete das grandes estrelas de Hollywood; com a mudança de comportamento, era necessário atrair as mulheres independentes, que saíam de casa para trabalhar, ajudando a construir o mundo igualitário.

A partir de então, a agência de publicidade propôs uma solução criativa de elaborar uma alta e inédita qualidade de produção, que iria custar à Gessy Lever US$ 1,2 milhão.

Dado que a empresa se dispunha a pagar apenas US$ 400 mil, foi iniciado o impasse e o surgimento de um conflito.

O projeto ficou parado na área de *marketing*, que não tinha como levar em frente um projeto que ultrapassava três vezes o orçamento previsto.

A agência de publicidade envolveu o diretor de atendimento, um nível hierárquico acima do qual se costuma trabalhar nos casos de orçamento, dada a existência do impasse e a importância do fechamento do acordo para a J. Walter Thompson.

O responsável pela agência começou a buscar outros canais de comunicação, procurando explicar ao diretor de *marketing* que o projeto era ambicioso e invariavelmente precisaria de um investimento adicional, ou seja, a agência buscou o maior número possível de alternativas para o acordo, além de fornecer informações mais detalhadas sobre o trabalho a ser desenvolvido, visando persuadir a empresa a decidir a favor do desenvolvimento do projeto.

As técnicas utilizadas propiciavam que o conflito fosse gerenciado de forma positiva, sem que as posições fossem consideradas, e que os interesses fossem satisfeitos. A ação para lidar com o conflito foi a que empurrou a solução, visto que o responsável da agência, assumindo sua autoridade dentro da hierarquia da empresa, buscou novas ideias e definiu ações que iam ao encontro dos objetivos estabelecidos. Nesse sentido, podemos verificar que o conflito que permite solução ganha-ganha pode ser considerado característica dessa negociação, pois o ponto negociado era de alta importância para todos os envolvidos.

Vale lembrar que a solução desse conflito foi imperativa, pois não houve tentativas de dominação nem mesmo barganha de posições; em vez disso, buscou-se uma solução que atendesse completamente aos interesses das partes. Foi utilizada também a mediação para a solução do conflito. No caso, o diretor de atendimento, que, mesmo não sendo imparcial no processo de negociação, foi imprescindível para que novas visões fossem agregadas à solução do impasse, ajudando a buscar o melhor caminho para o acordo.

Houve cooperação das partes na busca do melhor acordo, com o objetivo de manter um bom relacionamento, vislumbrando oportunidades futuras de trabalho, com algumas características do estilo confrontador, no qual a confiança e o controle se combinam para buscar a equidade de um acordo sólido para solucionar altos interesses envolvidos.

Assim, o diretor de *marketing* da Gessy Lever, após conversa com as agências de publicidade para buscar mais informações, fez uma proposta: queria negociar com a produtora a possibilidade de o pagamento ser parcelado em quatro vezes e propôs que a agência abrisse mão de seus honorários, já que recebia 15% sobre o montante pago à produtora.

O critério que o diretor de *marketing* usou para persuadir a agência a aceitar a proposta foi a questão da repercussão; caso esta fosse boa, geraria mais negócios para a agência. Nesse caso, o diretor soube utilizar sua capacidade persuasiva. Foi estipulado, então, um prazo de 24 horas para que a agência apresentasse uma resposta.

Terminado o prazo, a agência tinha uma contraproposta: o custo da produção seria parcelado, só que em dólar, para não haver perda do valor. Além disso, a mesma se disporia a não receber os honorários sobre a produção, mas queria maior investimento em mídia (a agência recebe 20% sobre o valor destinado à mídia).

Como resultado desse acordo, a marca reconquistou a liderança de mercado e a agência, por sua vez, saiu fortalecida, pois a campanha teve muito sucesso e repercussão. Ou seja, consumou-se um acordo ganha-ganha.

Fonte: Adaptado de Negociação e Solução de Conflitos, 2007a.

> **Questão**
>
> Analisando o Estudo de caso apresentado, suponhamos que, ao negociar, o diretor não tivesse obtido sucesso e a agência tivesse feito uma nova contraproposta de não parcelar o valor, mas oferecer um desconto significativo de 20% para o pagamento total. Como você faria para negociar, a fim de obter maior sucesso?

Síntese

Neste capítulo, estudamos algumas formas de resolução ou gerenciamento de conflito. A negociação é a técnica mais interessante para se atingir esse objetivo, uma vez que, normalmente, não há o envolvimento de terceiros, o que resulta quase sempre em uma negociação ganha-ganha, que privilegia o relacionamento duradouro e a satisfação de todos os envolvidos no conflito.

Contudo, existem processos de resolução de conflitos que necessitam da ajuda de terceiros para auxiliar as partes envolvidas a chegar a um denominador comum. Essa intermediação deve ser imparcial, no entanto, poderá interferir quando necessário a fim de possibilitar um acordo entre as partes.

Questões para revisão

1. Os métodos usados para resolver os conflitos fazem parte de um contínuo na vida das pessoas, variando o grau de autonomia das decisões dos envolvidos.

Com relação aos métodos de resolução de conflitos, podemos destacar:

a) Todos os métodos de resolução de conflitos envolvem a participação de um terceiro para que se consiga sua solução.

b) A negociação é o melhor dos métodos para a solução de conflitos, pois é por meio dela que as partes em conflito chegam a uma solução satisfatória sem a participação de terceiros.

c) Na negociação, há uma "autocomposição assistida", ou seja, os envolvidos discutirão o conflito com a presença de uma terceira pessoa.

d) A arbitragem é confundida com a mediação, porém são métodos distintos. Na primeira, o conciliador faz sugestões, interfere, oferece conselhos.

e) A arbitragem e a mediação são consideradas iguais, já que, para a arbitragem, é preciso sempre um mediador.

2. A mediação pode ser utilizada como forma de auxiliar as partes envolvidas a superar um conflito em que os impasses e as diferenças não foram resolvidas no processo de negociação. Com relação à mediação, assinale a alternativa correta:

a) Na mediação, é necessária a presença de uma terceira pessoa, o árbitro, escolhido pelas partes envolvidas no conflito, alguém que seja apto a arbitrar o processo de forma imparcial.

b) No processo de mediação existe a preocupação de (re)criar vínculos entre as pessoas, estabelecer pontes de comunicação, transformando e prevenindo os conflitos.

c) Quando se trata de questões trabalhistas e sindicais, a mediação pode ser estipulada por cláusula inserida em acordo, convenção ou contrato coletivo de trabalho, mediante a inserção da chamada *cláusula compromissória*.

d) Na mediação, o conciliador faz sugestões, interfere, oferece conselhos, o que já não ocorre na conciliação.

e) A mediação é sempre realizada entre as partes envolvidas, sem necessariamente a participação de terceiros, visto que ambos os lados desejam chegar a um resultado comum.

3. No Brasil, o interesse pela arbitragem foi potencializado com a promulgação da Lei n. 9.307, de 23 de setembro de 1996. Selecione a alternativa correta no que se refere à arbitragem:

a) Quando ocorre um impasse na negociação, não se chegando a um acordo, parcial ou total, pode-se nomear um árbitro para proferir a sentença sobre o assunto pendente de solução.

b) No processo de mediação existe a preocupação de (re)criar vínculos entre as pessoas, estabelecer pontes de comunicação, transformando e prevenindo os conflitos.

c) A arbitragem é baseada em regras e procedimentos preestabelecidos, fazendo com que as partes envolvidas possam negociar de forma efetiva, sendo fundamental o relacionamento entre as partes.

d) Na arbitragem, ao contrário do que pensamos, não há a participação de terceiro, as pessoas em conflito buscam, por si mesmas, a resolução do seu problema (autocomposição).

e) A arbitragem é sempre realizada por um juiz de direito, capaz de dirimir as dificuldades e resolver a disputa.

4. (Enade, 2012) As negociações são uma parte crítica da dinâmica do varejo – fazemos um número cada vez maior delas todos os dias, numa velocidade crescente. Cada negociação mexe com os estoques, com a logística e com as margens. Nós nos relacionamos com cerca de 5000 fornecedores. Por essas razões, nossas negociações precisam ser padronizadas tanto quanto possível. Não podemos deixar que cada comprador tenha uma abordagem ou um objetivo diferente, ou que meu estilo pessoal dite o do grupo. Também não podemos abrir mão da ética e da transparência – todas as condições envolvidas precisam ser absolutamente claras. Surgiu daí a decisão de criar um estilo corporativo de negociação, com base no qual estamos treinando nossos profissionais. No treinamento, mostramos que eles devem orientar-se não pelo emocional ou pela força, mas pelo planejamento. Sem planejamento, você não tem tempo para conhecer melhor quem está do outro lado e não consegue partir para a negociação munido de todas as informações necessárias. Mas treinar não significa criar comportamentos mecânicos. Os contextos mudam, e o negociador precisa saber escolher as ferramentas adequadas a cada caso, como se fosse um jogador de golfe selecionando o taco certo para aquela jogada.

BETHLEM, H. A arte do aperto de mãos. **Revista Exame**, 22 abr. 2003. Disponível em: <http://exame.abril.com.br/revista-exame/edicoes/0790/noticias>. Acesso em: 12 jul. 2012.

Considerando as orientações descritas no texto, avalie as afirmações seguintes.

I. A criação de um estilo corporativo de negociação, na empresa descrita, pauta-se em estabelecer convicções éticas e promover treinamentos com o objetivo de fazer com que os negociadores optem por decisões racionais baseadas na identificação das questões em pauta na negociação e da priorização delas, na construção de um leque de acordos alternativos e no desenvolvimento de estratégias e táticas.

II. A analogia entre o jogador de golfe e o negociador aponta para a ideia de que não existe um padrão ideal para se aplicar ao comportamento do negociador. No entanto, é possível estabelecer estilos que, de certo modo, resultam em encaminhamento da negociação em consonância com os valores e objetivos organizacionais.

III. De acordo com o texto, a questão ética, priorizada pela organização descrita, foi um motivo importante para a implementação do treinamento em negociações na referida empresa. No entanto, sabe-se que é impossível promover um treinamento em ética, pois a ética de um negociador corresponde à sua ética pessoal.

É correto o que se afirma em:

a) I, apenas.
b) III, apenas.
c) I e II, apenas.
d) II e III, apenas.
e) I, II e III.

5. Pudemos notar que há características diferenciadas entre mediação e conciliação, qual a principal diferença entre ambas?

Questão para reflexão

A arbitragem é um método extrajudicial de solução de problemas em que se escolhe, de comum acordo entre as partes, uma ou mais pessoas, os árbitros (terceiros imparciais), para dar a solução definitiva (irrecorrível) ao conflito. Reflita sobre as vantagens da arbitragem.

Para saber mais

CMAJ – Câmara de Mediação e Arbitragem de Joinville. **A mediação, a conciliação e a arbitragem como formas alternativas de resolução de conflitos.** Disponível em: <http://www.cmaj.org.br/a-mediacao-a-conciliacao-e-a-arbitragem-como-formas-alternativas-de-resolucao-de-conflitos>. Acesso em: 8 out. 2015.

Esse site apresenta métodos alternativos de resolução de conflitos, enfatizando a mediação, a conciliação e a arbitragem. O estudo buscou também a análise da evolução desses métodos.

SANTOS ARBITRAL. **Cartilha de mediação e arbitragem.** 2010. Disponível em: <http://www.santosarbitral.com.br/cartilhademediacaoearbitragem.pdf>. Acesso em: 15 jul. 2015.

Nessa cartilha, você poderá inteirar-se sobre os Métodos Extrajudiciais de Solução de Conflitos (MESCs), em especial a arbitragem e a mediação, além de identificar as Câmaras de Arbitragem e Mediação sérias e idôneas no Brasil.

Negociação e ética

Conteúdos do capítulo:

- A ética nas organizações.
- Fatores essenciais na negociação.
- Critérios que levam a decisões éticas.

Após o estudo deste capítulo, você será capaz de:

1. compreender a importância da ética nas organizações;
2. evitar deslizes e ações negativas que deturpem e prejudiquem o coletivo.

A partir do momento em que o ser humano passou a viver em grupo e não mais isoladamente e, com a evolução das relações humana no seio da sociedade, percebeu que precisaria de um conjunto de normas e regras que orientariam sua conduta para viver em grupo, originando, assim, o que hoje conhecemos como *ética*. A ética é um conjunto de valores que norteia a ação do ser humano, definindo o que é certo ou errado, buscando o bem-estar social e evitando, assim, o caos. Nesse sentido, apesar de os valores, as crenças e as regras de conduta variarem de acordo com o tempo e o espaço geográfico, a ética deve nortear todas as ações e atividades desenvolvidas pelo homem.

Este capítulo trata dos princípios éticos necessários ao processo de negociação.

6.1 A ética nas organizações

Os princípios éticos analisam e criticam os fundamentos que orientam ou justificam o conjunto de valores morais. A ética é, por isso, a ciência da conduta, a teoria do comportamento moral do homem, a qual orienta sua ação para viver em sociedade sem transgredir os padrões morais estabelecidos para a boa convivência. Por isso, qualquer decisão ética baseia-se em um conjunto de valores morais, estabelecidos para o bom e o sadio convívio social.

Para Arruda (2002), os homens considerados éticos têm algumas virtudes, descritas a seguir:

- ser **honesto** em qualquer situação: a honestidade é a primeira virtude da vida nos negócios, afinal, a credibilidade é resultado de uma relação franca;

- ter **coragem** para assumir as decisões – mesmo que seja preciso ir contra a opinião da maioria;
- ser **tolerante** e **flexível** – ideias aparentemente absurdas podem ser a solução para um problema; contudo, para descobrir isso é preciso ouvir as pessoas ou avaliar a situação sem julgá-las previamente;
- ser **íntegro** – significa agir de acordo com os seus princípios, mesmo nos momentos mais críticos;
- ser **humilde** – só assim se consegue ouvir o que os outros têm a dizer, pois é preciso reconhecer que o sucesso individual é resultado do trabalho da equipe.

A ética é complexa e universal e constitui uma questão primordial ao processo de negociação. É necessária e urgente em todos os setores da sociedade, porém não há um padrão formal estabelecido que sirva de modelo aos negociadores. Martins (1999) afirma que no Brasil há um renascer das preocupações da ética nos negócios, em virtude de inúmeros fatores: econômicos, sociais, financeiros, religiosos, culturais, entre tantos outros, os quais têm levado as pessoas a agir voltadas para seus interesses pessoais, e não mais grupais, burlando leis, princípios e valores fundamentais para o bom convívio coletivo. O lucro passou a ter papel principal nas organizações, de forma que o foco está no ganho a qualquer custo, independentemente dos meios utilizados para obtê-lo, o que faz com que os valores e princípios estabelecidos pelas normas de conduta regidas pela moral e pelos bons costumes sejam deturpados, gerando um oportunismo desenfreado e comprometendo negativamente a imagem da empresa.

Assim, é preciso repensar todas as ações e posturas vivenciadas e praticadas pelos colaboradores que a executam, visando à adoção de encaminhamentos adequados, de forma a evitar deslizes e ações negativas que prejudicam o coletivo. Vemos, hoje, empresas introduzindo códigos de ética, a fim de reforçar os padrões éticos essenciais para a preservação dos valores e princípios morais.

Por essa razão, contemporamente, ouvimos falar sobre ética mais do que se ouvia há alguns anos, sobretudo em virtude das grandes mudanças organizacionais, fundamentadas na descentralização do poder e na participação e integração efetiva das pessoas nas organizações, estimulando a disputa por cargos e funções, pelo crescimento pessoal e profissional.

O cenário acelerado de mudanças e a alta competitividade no mercado provocados pela globalização impuseram às organizações novos desafios para sua sobrevivência. Nesse contexto, a concorrência e as dificuldades econômicas e financeiras estimularam a perda ou a deturpação de posturas éticas nas negociações organizacionais.

No entanto, a ética não deve ser entendida como ameaça ou obstáculo, mas como uma **alavanca para o sucesso** das organizações, refletidas em suas ações. É possível e primordial crescer com ética e agir de forma honesta com todos os envolvidos em suas negociações. Assim, ter padrões éticos significa ter futuro no mercado profissional, com parceiros e clientes fiéis e de longo prazo.

> As empresas se reformam e se transformam para sobreviver a essas mudanças e atender melhor seu consumidor. Assim, hoje, para um sucesso continuado, o

> desafio maior das empresas é ter uma ética interna que oriente suas decisões e permeie as relações entre as pessoas que delas participam e, ao mesmo tempo, um comportamento ético inequivocamente reconhecido pela comunidade. Se a empresa, como espaço social, produz e reproduz esses valores, ela se torna importante em qualquer processo de mudança de perspectiva das pessoas; tanto das que nela convivem e participam quanto daquelas com as quais essas pessoas se relacionam. Assim, quanto mais empresas tenham preocupações éticas mais a sociedade na qual essas empresas estejam inseridas tenderão a melhorar no sentido de constituir um espaço agradável onde as pessoas vivam realizadas, seguras e felizes. (Carmo; Toi, 2015, p. 1)

A ética nas organizações é o reflexo do comportamento de seus gestores e das posturas e ações de seus colaboradores. Portanto, um comportamento inadequado de um de seus gestores e/ou de seus colaboradores pode colocar em risco a credibilidade da empresa no mercado, comprometendo suas boas ações e o sucesso de seus negócios. Desse modo, a sobrevivência e a evolução das organizações estão associadas à capacidade de adotar condutas pautadas pela seriedade, humildade e justiça.

Uma empresa que se preocupa com a ética e a aplica em suas ações mostra-se capaz de competir com mais sucesso, consegue excelentes resultados em seus negócios e conquista a satisfação, a motivação e o respeito dos seus colaboradores. Além disso, as organizações devem agir dentro de padrões éticos estabelecidos pelos seus investidores, clientes, funcionários, bem como pelo sistema jurídico vigente e pela comunidade na qual está estabelecida.

Para Arruda (2002), a contribuição da empresa à sociedade deve ocorrer proporcionalmente ao aumento de seus rendimentos e das suas linhas de produto. A competição faz parte do mundo dos negócios e, por isso, não pode ser predatória nem destrutiva, mas deve acontecer dentro dos padrões éticos estabelecidos.

De acordo com Gutierrez (1994, citado por Almeida; Martinelli, 1998, p. 34), existem quatro fatores básicos que levam a preocupações éticas, são eles:

1. A necessidade espontânea e natural de maior humanização.
2. A reação diante da crise moral que se verifica em nossa sociedade, além de reação intensa ante os perigos de uma degradação moral.
3. O fato de que a internacionalização e a globalização significam também integração dos diversos sistemas culturais.
4. Grande mudança em termos culturais nas organizações, além de intensa alteração nos valores pessoais.

Como podemos verificar, os fatores citados são atuais, permanentes e devem permear as negociações que envolvem aspectos referentes a lucro, justiça e competição.

6.2 Fatores essenciais na negociação

Os conflitos e a arte de negociar associada a eles estão presentes em nossas vidas e, por isso, precisamos entender como tratá-los e como resolvê-los de modo ético e profissional.

É importante citar que a sociedade do conhecimento e a valorização do capital intelectual como um diferencial das organizações exigiram dos gestores o domínio de habilidades e competências que são necessárias para o enfrentamento das divergências que frequentemente fomentam e enriquecem o cotidiano organizacional.

Há, no entanto, algumas considerações que precisam ser feitas para que se compreenda o processo de negociação. É necessário o domínio de dois pontos fundamentais: caráter técnico e ponto de vista ético.

Do ponto de vista técnico, é preciso entender e dominar algumas ferramentas fundamentais que levam a uma negociação de sucesso: planejamento e informação. Planejar, como sabemos, torna-se fundamental para que não se perca o foco durante o processo de negociação.

Independentemente do tamanho e do caráter daquilo que será negociado, é preciso entender quem é o interlocutor, suas qualidades e seus pontos fracos e ter em mãos a sua identificação e suas características.

Também é fundamental entender o mercado de atuação do oponente, a previsão de cenários, além de detalhes sobre concorrência e posicionamento estratégico. É preciso ainda ajustar o preço, a margem de lucro, o prazo de entrega, ser um ouvinte atento e adaptar o discurso ao do interlocutor. Além disso, o processo de negociar requer inteligência, habilidade e perspicácia (Administradores, 2005).

> A definição desses parâmetros dará mais flexibilidade e liberdade para viabilizar e consolidar a operação. Esse mosaico de informação torna-se ainda mais fundamental quando a negociação envolve corporações de

porte. Assim, é fato que do outro lado da mesa estará postado um profissional experimentado, especializado em avaliações, articulado e treinado para caminhar em meio à turbulência. Portanto, prepare-se, pois o sucesso ou o fracasso estará em suas mãos. E, por trás disso, o seu êxito, sua empregabilidade, e a capacidade de manter-se valorizado e atraente dentro da sua própria empresa. (Administradores, 2005)

Outro ponto, tão importante quanto o domínio das ferramentas mencionadas, é a postura ética no processo de negociação como um diferencial competitivo no ambiente organizacional.

Para Daft (1991, citado por Almeida; Martinelli, 2009), "pode-se verificar que a ética estabelece padrões sobre o que é bom ou mal na conduta e na tomada de decisões, quer seja no plano pessoal, quer sob o ponto de vista organizacional".

Entretanto, além dos padrões legais, é preciso entender que temos o nosso livre arbítrio, o qual possibilita que façamos escolhas que nem sempre contemplam a coletividade. É preciso compreender que essas opções devem sempre levar em conta os padrões éticos, com base nos valores e princípios morais.

6.3 Critérios que levam a decisões éticas

Ao negociar, podem surgir inúmeras dificuldades e questionamentos até que o processo se efetive, os quais podem corroborar ou deturpar o padrão ético a ser seguido. Contudo, segundo Almeida e Martinelli (2009), alguns critérios orientam a tomada de decisões éticas, apresentados na Figura 6.1.

Figura 6.1 – Critérios que orientam a tomada de decisões éticas

▼ Enfoque utilitário

É preciso entender que comportamentos morais produzem o bem para o maior número de pessoas

▼ Enfoque individualista

As ações morais são aquelas que promovem o interesse individual de longo prazo

▼ Enfoque moral

O direito e a liberdade dos seres humanos não podem ser sobrepujados por decisões individuais

▼ Enfoque de justiça

As decisões morais devem ser baseadas em padrões de equidade, probidade e imparcialidade

Portanto, as pessoas devem ser tratadas de forma igual, sem ser privilegiado um lado mais do que o outro, especialmente em uma negociação, na qual ambos os lados devem sair ganhando. As regras devem ser claras, definidas e cumpridas de maneira consistente e imparcial.

As novas exigências ditadas pela mudança global nas leis de mercado, originadas pela concorrência ampla, provocaram a reformulação dos modelos de gestão praticados nas organizações, levando a um repensar dos encaminhamentos praticados por essas instituições no mercado de trabalho. Essa reformulação impactou de forma significativa no cotidiano dos executivos.

> Nessa reviravolta, um olhar diferenciado sobre a questão expõe e exige o predomínio da ética em todas as nuances. Trata-se, sem dúvida alguma, do primeiro pressuposto que contemple as matrizes envolvidas no contexto, e que forneça os trunfos necessários para garantir a vitória da transparência sobre a manipulação. Hoje em dia, na verdade, não há como ser diferente. Tornar as decisões verdadeiramente nítidas e visíveis para os *stakeholders* é o desafio a ser alcançado. Dessa maneira, define-se a transparência como estratégia para definir os direitos e deveres das pessoas envolvidas na condução dos negócios. Portanto, é fundamental conscientizar-se de que esse exercício passa pelo repensar da ética. E, partindo daí, a governança corporativa transformou-se numa importante vantagem para as companhias. De uma maneira geral, essas premissas estão quebrando paradigmas e redefinindo os processos nas organizações mais avançadas. (Administradores, 2005)

Assim, a postura ética e a transparência são, definitivamente, fatores de sucesso. As organizações contemporâneas tiveram de se reinventar, sem esquecer as questões éticas, tornando-se, aos olhos de seus fornecedores e de seus clientes, transparentes em suas ações. Manter-se no mercado atual oferecendo um produto e/ou serviço de qualidade, dentro dos padrões exigidos pela sociedade atual, de forma sustentável e consciente de seu papel, constitui um desafio diário.

Estudo de caso

Esse exemplo ressalta os tópicos principais de uma negociação de sequestro em Marechal Cândido Rondon (703 km a oeste de Curitiba), no Paraná.

No dia 24 de abril de 1995, às 4 horas, três homens armados invadiram a casa de Roni Martin, um dos proprietários da empresa Reuter Câmbio e Turismo, para roubar o cofre da empresa. Eles levaram Roni Martin, sua esposa Leina e o bebê Natália até a residência do tesoureiro da empresa, Elton Kraemer. Às 7 horas, os assaltantes retornaram à casa e mantiveram como reféns a família Martin e a família Kraemer (Elton, a esposa e os filhos gêmeos), além das empregadas das famílias.

Às 8 horas, Martin e Elton foram liberados para buscar US$ 500.000 para os assaltantes. Depois, às 12:30 horas, a polícia recebeu um telefonema anônimo, comunicando o assalto, e cercou a casa, quando a negociação assaltantes-polícia civil foi iniciada. Nela, o coordenador do grupo antissequestro do Paraná, Ricardo Noronha, assumiu o comando das negociações. Eram 17 horas. Os assaltantes exigiam US$ 100.000, um carro forte e armas para a fuga com os reféns.

No dia seguinte, a polícia cortou a ligação telefônica da casa, mantendo apenas uma linha de contato; iniciou a tática da inquietação, utilizando buzinas, sirenes e holofotes, principalmente durante a noite, ameaçando invadir a casa, com o intuito de pressionar emocionalmente os assaltantes e deixá-los cansados fisicamente. No dia 26, o médico da família entrou na casa, colhendo informações sobre o local e condições que facilitariam a operação de resgate.

A polícia continuou as negociações, com a utilização da tática de inquietação, porém nada se resolvia. Até que os assaltantes ameaçaram matar o bebê no sábado seguinte. Então, às 6:45 horas de sábado, a polícia iniciou a operação de resgate, com a intenção de matar os assaltantes, já prevendo que a morte de algum dos reféns seria inevitável. Vinte e um policiais invadiram a casa, em 35 segundos, matando os três assaltantes, ferindo apenas a refém Leina Reuter, que protegia o bebê, com quatro tiros, dos quais três disparados pelos policiais.

Conforme análise da negociação envolvida no processo de assalto, pode-se constatar a não utilização do poder da legitimidade, pois regras da convivência social comum foram descumpridas pelos assaltantes, tais como direito à privacidade, à propriedade e à vida. Apesar disso, os policiais também não respeitaram os direitos dos próprios assaltantes, que foram mortos, como única alternativa possível. Não se justifica, entretanto, o assalto e a ameaça às famílias envolvidas. A questão do poder de legitimidade também poderia ser questionada quando da exigência dos assaltantes para fugir e o comprometimento dos policiais facilitando essa fuga, sem medir as reações adversas a esta.

A polícia, ao se mobilizar, procurou alterar o desequilíbrio de poder existente a favor dos assaltantes, no caso, o poder de atitude, podendo definir o destino dos reféns que mantinham (invadir a casa e feri-los ou matá-los ou, então, deixá-los fugir com os reféns). Assim, a polícia utilizou ações arriscadas, técnicas de pressão psicológica, simulação de invasão, assumindo o poder de risco de perder a vida de algum refém, em virtude da necessidade de evitar manipulações por parte dos assaltantes. Para dividir esse risco e um possível insucesso, o Secretário de Segurança Pública do Paraná procurou criar um clima, na opinião pública, favorável à invasão.

O poder de especialista favorecia os policiais, que detinham o conhecimento e as informações técnicas para embasar ações em situações como esta, convocando um grupo especializado – grupo policial antissequestro do Paraná. Além disso, o poder de posição dava aos policiais maior autoridade para tentar solucionar o caso.

Os policiais tentaram conhecer as verdadeiras necessidades dos assaltantes, utilizando microfones colocados dentro da casa e a entrada do médico da família no local onde estavam os reféns, somando mais poder à força policial.

A tática de inquietação serviu como poder de persistência aos policiais, que tentavam manter os assaltantes em constante pressão emocional, vencendo-os talvez pelo cansaço.

Os assaltantes superestimaram seu poder de moralidade, utilizando-se de falta de generosidade para obter concessões. Isso pode ser observado quando reféns e os próprios assaltantes divulgavam maus-tratos e torturas cometidos contra os reféns e, principalmente, com a ameaça de matar o bebê. Essas informações foram importantes para a polícia mudar sua posição quanto aos assaltantes, visto que anteriormente só admitia a rendição deles, sem qualquer hipótese de negociação.

Há, nesta questão, o custo de oportunidade, visto em dois momentos:

1. o custo de não se empreender uma negociação seria muito alto, já que poderia causar a morte dos reféns;
2. embora a polícia tivesse previsto a morte de três dos sete reféns na hora de invadir a casa, preferiram esta possibilidade a perder os aprisionados. Os assaltantes eram apenas três.

O tempo nessa negociação era questão crucial, pois os reféns podiam ser maltratados e/ou feridos a qualquer momento. A duração do assalto foi de 123 horas, o que pode parecer pouco, em se tratando de negociações normais e lícitas. Todavia, o fato era extraordinário, embora fizesse parte do cotidiano da polícia.

A questão do tempo, sendo crítica, poderia influenciar negativamente o acordo. Era preciso fazê-lo de qualquer maneira, o mais rápido possível, para que os reféns não fossem prejudicados fisicamente. Então, poder-se-ia precipitar uma solução não adequada e perder alguns dos reféns num tiroteio entre policiais e sequestradores, por exemplo.

Assim, o tempo foi fator agravante da situação, contribuindo para deixar sequelas emocionais e físicas nos envolvidos. A cada dia que passava, mais cobrança da sociedade sobre uma atitude policial, mais riscos corriam os reféns, mais irritados ficavam os assaltantes. Daí o fato de ser essencial reduzir ao máximo o tempo de negociação e o firmamento de um acordo.

Apesar disso, não havia um tempo limite definido para o acordo, até que os sequestradores ameaçaram matar o bebê, determinando a decisão rápida de invasão. Essa decisão, tão importante e de alto risco, foi tomada ao final do prazo limite. Isso, de certa forma, poderia prejudicar o acordo, além de não ser a melhor alternativa para tanto.

O comportamento ético pode ser notado por meio do componente legal da situação, no qual a determinação jurídica de certas atitudes estava preestabelecida. Por exemplo, o chefe do comando da operação ter poder legal para prender qualquer sujeito que esteja cometendo um delito ou invadir uma residência se lá estiver sendo cometido um crime.

Outro componente da ética é a livre escolha, em que, no caso, o chefe do comando pode decidir, dentro das circunstâncias, qual o melhor modo de agir. Esse componente também deu sustentação à ética popular, ou seja, o comandante buscou a aprovação da sociedade para invadir a residência, independente de causar a morte de alguns reféns. Desejava-se, dessa forma, considerar questões impostas pela coletividade, e não gerar uma revolução ética, com os possíveis resultados negativos advindos da invasão. É certo que a tomada de decisão conforme uma ética teve um certo enfoque utilitário, produzindo o maior bem para o maior número possível de pessoas.

O estilo de negociação presente, segundo classificação de Jung, é o restritivo, visto que o acordo só se realiza a força e não há cooperação por parte dos envolvidos, agindo cada um em seu próprio interesse.

Fonte: Adaptado de Negociação e Solução de Conflitos, 2007e.

Questão

As questões éticas, sobretudo em tempos de corrupção, de troca de favores ilícitos, entre tantos outros problemas observados no país, são essenciais. Como você percebe o poder da ética para retomar a crença do povo brasileiro nos poderes superiores, retomando o crescimento do país?

Síntese

A ética é considerada um conjunto de valores norteadores da ação do ser humano. No entanto, os valores, as crenças e as regras de conduta variam de acordo com o tempo e o espaço geográfico.

Um comportamento inadequado de um gestor ou de um colaborador pode colocar em risco a credibilidade da organização no mercado. A sobrevivência e a evolução das organizações estão associadas à capacidade de adotar condutas pautadas pela seriedade, pela humildade e pela justiça.

Uma empresa que se preocupa com a ética e a aplica em suas ações mostra-se capaz de competir com mais sucesso e consegue excelentes resultados em seus negócios. Além disso, as organizações devem agir dentro de padrões éticos estabelecidos pelos seus investidores, clientes e funcionários, bem como pelo sistema jurídico vigente e a comunidade na qual está estabelecida.

Questões para revisão

1. O cenário acelerado de mudanças e a alta competitividade no mercado provocados pela globalização impuseram às organizações novos desafios para sua sobrevivência. Nesse contexto, a concorrência e as dificuldades econômicas e financeiras estimularam a perda de posturas éticas nas negociações organizacionais. Com relação à ética nas organizações, assinale a alternativa correta:
   a) A ética deve ser entendida como ameaça ou obstáculo para o sucesso das organizações, pois dificulta o processo de negociação.
   b) É impossível crescer com ética e agir de forma honesta com todos os envolvidos em suas negociações, pois a empresa acabará falindo.
   c) Ter padrões éticos significa ter futuro no mercado profissional, com parceiros e clientes fiéis e de longo prazo.
   d) A ética nas organizações não reproduz o comportamento de seus gestores e das posturas e ações de seus colaboradores.
   e) A ética, embora necessária e importante, não combina com negócios, visto ser necessário ter astúcia para agir, mesmo que de forma não tão correta, a fim de se obter sucesso, pois os fins justificam os meios.

2. Independentemente do tamanho e do caráter daquilo que será negociado, algumas ações devem ser observadas. Quanto a essa questão, assinale a alternativa correta:
   a) Saiba quem é seu interlocutor, suas qualidades e seus pontos fracos; tenha em mãos a identificação de seu interlocutor e suas características.

b) Entenda somente o mercado no qual está seu foco de ação.
c) Deixe para ajustar o preço, a margem de lucro e o prazo de entrega somente após o fechamento da negociação.
d) Tenha seu discurso pronto e não desvie do que foi preparado, correndo o risco de perder o foco.
e) Coloque na mesa de negociação somente as vantagens de seu negócio e evite falar dos pontos negativos, caso contrário, sua negociação estará fadada ao fracasso.

3. Ao negociar, inúmeras dificuldades e questionamentos surgem até que o processo se efetive, alguns deles podem corroborar ou deturpar o padrão ético a ser mantido, porém, segundo Almeida e Martinelli (2009), alguns critérios orientam a tomada de decisões éticas. Assinale a alternativa que aborda esses critérios:
   a) Comportamentos morais não produzem o bem para o maior número de pessoas.
   b) As ações morais são aquelas que promovem o interesse individual imediato.
   c) O direito e a liberdade dos seres humanos não podem ser sobrepujados por decisões individuais.
   d) As decisões morais não devem ser baseadas em padrões de equidade, probidade e imparcialidade.
   e) Os valores morais e os princípios éticos devem ser irrelevantes na negociação, pois a razão deve prevalecer à emoção, uma vez que a negociação deve ser neutra e livre de intervenções.

4. (Enade, 2012) A Construtora X, fundada na década de 30, na esteira da expansão da cafeicultura paulista, começou construindo pequenos trechos de estrada de ferro. Seu fundador, um empreendedor com pouco estudo, implantou um regime

rígido, voltado para o poder, o controle e o domínio. O estilo do fundador, voltado para a tarefa, coadunava-se com o tipo de mão de obra que exercia as funções operacionais e, posteriormente, atingiu as funções executivas da empresa. Os engenheiros, com sua formação lógico-analítica, e os peões, que utilizavam de baixa ou média tecnologia, com predominância de trabalho braçal, que exige controle bastante acentuado, encaixavam-se no estilo de liderança do empreendedor. Para satisfazer essas condições, necessitava-se, em grande medida, desse tipo de liderança. Uma base cultural analítica implantou-se na empresa, ficando todas as decisões estratégicas restritas ao empreendedor, e as decisões técnicas, restritas ao corpo técnico de engenheiros profissionais. Além disso, existia grande número de funcionários de estrita confiança do empreendedor. Alguns deles ocupavam cargos relativamente altos, outros, cargos mais operacionais, mas todos tinham fácil acesso a ele, o que configurava um poder paralelo e constante fonte de conflito entre a estrutura profissional e essa outra paralela e informal, possuidora, na verdade, de função assemelhada aos "sátrapas" (governadores das províncias anexadas ao Império Persa, na Antiguidade Clássica e considerados os olhos e os ouvidos do rei). Em virtude disso, tais funcionários tinham um poder extraordinário, em razão da acessibilidade e da predisposição do líder em voluntariamente manter essa estrutura de informação. Muitas vezes, as decisões dos "sátrapas contemporâneos" prevaleciam sobre as da estrutura profissional dos engenheiros.

GOMES, E. B. P. **Cultura Organizacional**: um estudo de caso. Disponível em: <http://www.facabe.br/ruth/adm-comport_organ/Cultura_organizacional.pdf>. Acesso em: 11 jul. 2012 (adaptado).

Considerando as características descritas da cultura organizacional da Construtora X e os conflitos decorrentes desse tipo de cultura, avalie as afirmações seguintes.

I. A forma de gestão da Construtora X evidencia que o conflito não é causal nem acidental, mas inerente ao uso do poder e à vida organizacional. Nessa empresa, os "sátrapas contemporâneos" e os engenheiros representam subculturas que conflitam entre si, visto que se observa a interferência deliberada de uma na outra.

II. Observando a relação entre os grupos existentes na Construtora X, percebe-se que o conflito se resolve, muitas vezes, na competição direta, em que a dominação dos "sátrapas contemporâneos" subjuga os interesses do grupo de engenheiros.

III. A história de fundação da empresa demonstra uma construção de valores organizacionais em que os "sátrapas contemporâneos" formam o grupo com existência assegurada diante dos conflitos, por desempenharem um papel que faz parte do controle normativo da organização.

É correto o que se afirma em:

a) I, apenas.
b) III, apenas.
c) I e II apenas.
d) II e III apenas.
e) I, II e III.

5. (BNDES, 2012) É certo ligar o sucesso ou o fracasso de uma organização ao seu comportamento ético? Tenho convicção de que sim! Ser ético, hoje, não é mais uma opção. Para pessoas e organizações, é questão de sobrevivência. Com a velocidade com que se processam as transformações, há necessidade de valores internalizados para que haja alinhamento no momento das decisões, que exigem rapidez. Hoje não se pode avaliar uma empresa com os padrões tangíveis de ontem, [...]. A ética ganha respeitabilidade como forte diferencial de qualidade e conceito público, mas será que já se formou a consciência ética no comando das organizações? Algumas questões básicas precisam ser devidamente equacionadas para um melhor entendimento sobre a eficácia da ética nos negócios.

MATOS, F. G. Ética empresarial e responsabilidade social. **Revista Recre@rte**, n. 3, jun. 2005. Disponível em: <http://www.iacat.com/revista/recrearte/recrearte03/etica_soc-empr.htm>. Acesso em: 15 jul. 2015. Destaca-se na citação [...] que a ética ganha respeitabilidade como forte diferencial de qualidade nas organizações empresariais. Nessa perspectiva, apresente:

a) dois traços culturais da realidade organizacional dominante que exigem substancial revisão.

b) uma explicação sobre a necessidade da implementação de ações concretas para a prática da ética nas organizações, abordando três aspectos.

Questão para reflexão

Os princípios éticos analisam e criticam os fundamentos que orientam ou justificam o conjunto de valores morais. A ética é, por isso, a ciência da conduta, a teoria do comportamento moral do homem, a qual orienta sua ação para viver em sociedade sem transgredir os padrões morais estabelecidos para a boa convivência. Para Arruda (2002), algumas virtudes são importantes, a fim de os homens sejam éticos. O comportamento ético caracteriza-se como uma virtude a ser praticada pela sociedade em geral. Reflita sobre os comportamentos éticos observados nas organizações e seus desdobramentos e relacione alguns desses comportamentos.

Para saber mais

INSTITUTO ETHOS. Disponível em: <http://www3.ethos.org.br/>. Acesso em: 15 jul. 2015.

O Instituto Ethos de Empresas e Responsabilidade Social é uma organização não governamental que objetiva sensibilizar e ajudar as empresas a gerir seus negócios de forma socialmente responsável e ética.

O Instituto Ethos tem um cadastro nacional de empresas comprometidas com a ética e a integridade (Cadastro Pré-ética), uma iniciativa do Instituto Ethos e da Controladoria-Geral da União. Esse cadastro visa avaliar e divulgar as companhias engajadas na construção de um ambiente de integridade e confiança nas relações comerciais.

PAIVA, K. C. M. de; PAULA, A. S. A. de; PINTO, J. A. R. **Responsabilidade social e ética**: avaliando exemplos e redefinindo resultados organizacionais. Disponível em: <http://www.ichs.ufop.br/conifes/anais/OGT/ogt0802.htm>. Acesso em: 16 jun. 2015.

Nesse artigo, os autores abordam questões éticas relevantes na sociedade contemporânea, as quais devem ser observadas pelas diferentes organizações estudadas. Além disso, avaliam as atividades ligadas à responsabilidade social das organizações em termos éticos em algumas instituições renomadas no Brasil.

Para concluir...

Os conflitos existem desde que o ser humano passou a se organizar em sociedade para defender seus interesses e necessidades, razão por que fazem parte do processo evolutivo da humanidade.

Nesta obra, vimos que a concepção clássica considerava o conflito algo a ser evitado, quase sempre prejudicial a todos os envolvidos. Essa visão, no entanto, foi cedendo espaço a uma concepção contemporânea, que não descreve o conflito como algo prejudicial às organizações, mas como algo possivelmente dinâmico e instigador de disputas sadias.

Como demostramos aqui, onde houver um conflito haverá sempre a busca por um processo que o solucione. Esses processos de resolução de conflitos são nomeados de acordo com as características que apresentam, e os mais praticados são a negociação, a conciliação, a mediação e a arbitragem.

Por todos esses aspectos, concluímos que todo ser humano em algum momento de sua vida, se envolverá em conflito, seja ele intrapessoal, seja interpessoal. No entanto, o conflito, quando bem administrado, pode gerar bons frutos.

Sabendo que o ser humano é dinâmico, criativo, naturalmente gerador de conflitos e, portanto, também gerador de novas negociações, não temos a pretenção de esgostar esse assunto nesta obra, mas de instigá-lo a pensar mais sobre ele.

Ao concluir sua leitura, temos certeza de que você entendeu o que denominamos *conflito*, bem como suas causas e consequências, as habilidades e competências exigidas de um bom negociador e os principais processos de negociação.

Referências

ADMINISTRADORES. A arte de negociar com ética no mundo corporativo. **Revista Digital**, 2005. Disponível em: <http://www.administradores.com.br/noticias/negocios/a-arte-de-negociar-com-etica-no-mundo-corporativo/4275/>. Acesso em: 16 jul. 2015.

ALMEIDA, A. P.; MARTINELLI, D. P. **Negociação e solução de conflitos**: do impasse ao ganha-ganha através do melhor estilo. São Paulo: Atlas, 1998.

_____. _____. São Paulo: Atlas, 2009.

ALMEIDA, P. A. A. de. **Gestão de conflitos e técnicas de negociação**. 2008. Disponível em: <http://www.marketing500.com.br/arquivos_internos/downloads/GESTAODECONFLITOSETECNICASDENEGOCIACAO.pdf>. Acesso em: 14 jun. 2015.

ALYRIO, R. D.; ANDRADE, R. O. B. de.; MACEDO, M. A. S. **Princípios de negociação**: ferramentas e gestão. São Paulo: Atlas, 2004.

AMENDOLA, C. M. **Gestão Ambiental da Poluição**: Mediação em Meio Ambiente. 146 f. Tese (Mestrado em Engenharia da Produção) – Instituto Alberto Luiz Coimbra de Pós-Graduação e Pesquisa de Engenharia, Universidade Federal do Rio de Janeiro, Rio de Janeiro, 2001. Disponível em: <http://www.sage.coppe.ufrj.br/index.php/publicacoes/joomla-tutorials/2001/61-cynthia-marques-amendola-marco2001/file>. Acesso em: 20 out. 2015.

ARRUDA, M. C. C. **Código de ética**: um instrumento que adiciona valor. São Paulo: Negócio Editora, 2002.

BERG, E. A. **Administração de conflitos**: abordagens práticas para o dia a dia. Curitiba: Juruá, 2012.

BNDES – Banco Nacional de Desenvolvimento. **Prova Discursiva – Profissional Básico** (Formação de Administração) 2ª fase. Disponível em: <http://www.bndes.gov.br/SiteBNDES/export/sites/default/bndes_pt/Galerias/Arquivos/empresa/concursos/2012_Prova14_Administracao_discursiva.pdf>. Acesso em: 20 out. 2015.

BORNHOFEN, D.; KISTENMACHER, G. M. P. Negociação internacional baseada na influência cultural: Alemanha. **Revista Interdisciplinar Científica Aplicada**, Blumenau, v. 1, n. 2, p. 1-15, 2007.

BRASIL. Lei n. 9.307, de 23 de setembro de 1996. **Diário Oficial da União**, Poder Legislativo, Brasília, DF, 24 set. 1996. Disponível em: <http://www.planalto.gov.br/ccivil_03/leis/L9307.htm>. Acesso em: 16 jun. 2015.

BURBRIDGE, M.; BURBRIDGE, A. **Gestão de conflitos**: desafio do mundo corporativo. São Paulo: Saraiva, 2012.

CARMO, E. R. do; TOI, C. S. **A importância do comportamento ético nas organizações**. Disponível em: <http://www.unioeste.br/campi/cascavel/ccsa/IISeminario/trabalhos/A%20import%C3%A2ncia%20do%20comp.%20C3%A9tico%20nas.......pdf>. Acesso em: 14 jun. 2015.

CARVALHAL, E. do. Como lidar com as diferenças culturais na hora da negociação? **Revista Venda Mais**, v. 14, n. 168, abr. 2008. Disponível em: <http://www.vision.com.br/portalnew/artigos/VisionDiferencasCulturais.pdf>. Acesso em: 14 jun. 2015.

CAVALCANTI, A. C. R. **O gestor e o seu papel na gestão de conflitos**: um estudo de caso em empresa de varejo de vestuário masculino. 120 f. Dissertação (Mestrado em Administração) – Universidade Federal de Minas Gerais, Belo Horizonte, 2006. Disponível em: <http://tupi.fisica.ufmg.br/michel/docs/Artigos_e_textos/Comunicacao_nas_organizacoes/papel_gestor_comunicacao.pdf>. Acesso em: 14 jun. 2015.

CHIAVENATO, I. **Comportamento organizacional**: a dinâmica do sucesso das organizações. 3. ed. Barueri: Manole, 2014.

_____. **Gestão de pessoas**: o novo papel dos recursos humanos nas organizações. 2. ed. Rio de Janeiro: Elsevier, 2004.

COLARES, G. de A.; CRUZ, C. L. C. da. O conflito funcional como vantagem competitiva para as organizações. **Revista Escola de Negócios**, v. 1, n. 1, p. 56-77, jul./dez. 2013. Disponível em: <http://fadergs.edu.br/index.php/administracao/article/view/22/7>. Acesso em: 14 jun. 2015.

COSTA, L. M. Negociação à brasileira. **Revista GV Executivo**, v. 5, n. 4, set./out. 2006.

COSTA, W. S. da. Humanização, relacionamento interpessoal e ética. **Caderno de Pesquisas em Administração**, São Paulo, v. 11, n. 1, p. 17-21, jan./mar. 2004. Disponível em: <http://joinville.ifsc.edu.br/~debora/Humaniza%C3%A7%C3%A3o/Humaniza%C3%A7%C3%A3o,%20relacionamento%20interpessoal%20e%20%C3%A9tica.pdf>. Acesso em: 10 jul. 2015.

DICIONÁRIO ONLINE DE PORTUGUÊS. **Conflito**. Disponível em: <http://www.dicio.com.br/conflito/>. Acesso em: 16 jul. 2015.

DUHÁ, A. H. **Organização de equipes efetivas**: variáveis, processos e estratégia de investigação. 95 f. Tese (Doutorado em Psicologia) – Pontifícia Universidade Católica do Rio Grande do Sul, Porto Alegre, 2007. Disponível em: <http://tede.pucrs.br/tde_arquivos/20/TDE-2007-01-24T132149Z-344/Publico/386514.pdf>. Acesso em: 14 jun. 2015.

ENADE. **Tecnologia em gestão de recursos humanos**. 2012. Disponível em: <http://download.inep.gov.br/educacao_superior/enade/provas/2012/13_CST_RECURSOS_HUMANOS.pdf>. Acesso em: 13 mar. 2015.

FIALHO, F. A. P.; SILVA, R. F. T. da; TEIXEIRA, A. **A negociação, o negociador e o perfil psicológico**: um estudo teórico reflexivo com base nos pressupostos de Martinelli e Almeida (2009), Hirata (2007) e Jung em Keirsey-Bates (1984). Disponível em: <http://www.convibra.org/upload/paper/adm/adm_3237.pdf>. Acesso em: 16 jul. 2015.

FIGUEIREDO, L. J. L. de. **A gestão de conflitos numa organização e consequente satisfação dos colaboradores**. Dissertação (Mestrado em Gestão) – Universidade Católica Portuguesa, Viseu, 2012. Disponível em: <http://repositorio.ucp.pt/bitstream/10400.14/8865/1/Disserta%C3%A7%C3%A3o.pdf>. Acesso em: 10 jan. 2015.

FISHER, R.; URY, W. **Como chegar ao sim**: a negociação de acordos sem concessões. Rio de Janeiro: Imago, 1985.

FISHER, R.; PATTON, B.; URY, W. **Como chegar ao sim**: a negociação de acordos sem concessões. 2. ed. rev. Rio de Janeiro: Imago, 2005.

FUNDAÇÃO CESGRANRIO. Casa da Moeda do Brasil. **Processo Seletivo Público n. 01/2009**. Analista de nível superior/RH. 20 dez. 2009. Disponível em: <http://site.cesgranrio.org.br/eventos/concursos/cmb0109/pdf/PROVA%2024.pdf>. Acesso em: 10 jan. 2015.

GHISI, F. A.; MARTINELLI, D. P. **Negociação**: aplicações práticas de uma abordagem sistêmica. São Paulo: Saraiva, 2006.

GLINOW, M. A. V.; MCSHANE, S. L. **Comportamento organizacional**. Porto Alegre: AMGH, 2014.

GODINHO, W. B.; MACIOSKI, J. M. K. Estilos de negociação: a maneira pessoal de realizar negócios internacionais. **Ciência Opinião**, v. 2, n. 12, p. 143-165, 2005.

HAIFFA, H. **The Art and Science of Negotiation**. London: Belknap Press, 1985.

HELSEN, K.; KOTABE, M. **Administração de marketing global**. São Paulo: Atlas, 2000.

HIAM; A.; LEWICKI, R. J.; OLANDER, K. W. **Think Before You Speak**: a Complete Guide to Strategic Negotiation. New York: John Wiley & Sons, 1996.

HOLLENBECK, J. R.; WAGNER III, J. A. **Comportamento organizacional**: criando vantagem competitiva. 2. ed. São Paulo: Saraiva, 2009.

LEIGH, R. **How Can Conflict Be Good for an Organization?** Disponível em: <http://smallbusiness.chron.com/can-conflict-good-organization-741.html>. Acesso em: 1º mar. 2015.

LIMA, C. B. et. al. Enfoque sistêmico e as habilidades do negociador: caracterização e influência no uso do poder em processos de negociação. In: CONGRESSO BRASILEIRO DE SISTEMAS, 4., 2008, Franca. **Anais...** Franca: Unifacef, 2008. Disponível em: <http://www.facef.br/quartocbs/artigos/B/B_122.pdf>. Acesso em: 19 fev. 2010.

LUCILIO, N. R. **Negociação, mediação e arbitragem**. Disponível em: <http://www.reocities.com/eureka/office/2031/negoc.html>. Acesso em: 7 mar. 2015.

MAINARDES, E. W.; AMAL, M.; DOMINGUES, M. J. C. de S. O fator cultura à mesa nas negociações internacionais com o Brasil. Disponível em: <http://www.sigmees.com/files/O_Fator_Cultura_a_mesa_nas_negociacoes_internacionais_com_o_Brasil.pdf>. Acesso em: 11 jul. 2015.

MAGALHÃES, L. R. **Negociando no Mercosul**. Instituto MVC – M. Vianna Costacurta, 2007. Disponível em: <http://www.institutomvc.com.br/artigos/post/negociando-no-mercosul>. Acesso em: 12 jul. 2015.

_____. **Negociação internacional**: aspectos comportamentais e culturais. Instituto MVC – M. Vianna Costacurta, 2007. Disponível em: <http://www.guiarh.com.br/p10.htm>. Acesso em: 12 jul. 2015.

MARTINELLI, D. P. **Negociação empresarial**: enfoque sistêmico e visão estratégica. Barueri: Manole, 2002.

MARTINS, I. G. **Ética no direito e na economia**. São Paulo: Pioneira, 1999.

MATOS, F. G. Ética empresarial e responsabilidade social. **Revista Recre@rte**, n. 3, jun. 2005. Disponível em: <http://www.iacat.com/revista/recrearte/recrearte03/etica_soc-empr.htm>. Acesso em: 15 jul. 2015.

MCINTYRE, S. E. Como as pessoas gerem o conflito nas organizações: estratégias individuais negociais. **Análise psicológica**, v. 2, n. 25, p. 295-305, jun. 2007. Disponível em: <http://www.scielo.gpeari.mctes.pt/pdf/aps/v25n2/v25n2a09.pdf>. Acesso em: 14 jun. 2015.

MELERE, E. A.; CAMOZZATO, L.; PESSOA, I. C. et al. **Conflito organizacional**. Disponível em: <http://revistas.utfpr.edu.br/pb/index.php/SysScy/article/view/229/28>. Acesso em: 10 jul. 2015.

MELLO, J. C. M. **Negociação baseada em estratégia**. São Paulo: Atlas, 2005.

NEGOCIAÇÃO e solução de conflitos. **J. Walter Thompson publicidade – caso Lux Luxo**. 2007a. Disponível em: <http://solucaoconflitos.blogspot.com.br/2007/05/j-walter-thompson-publicidade-caso-lux.html>. Acesso em: 10 jan. 2015.

_____. **Negociação comercial internacional – empresa Frateschi**. 2007b. Disponível em: <http://solucaoconflitos.blogspot.com.br/2007/05/exemplo-3-negociaocomercial.html>. Acesso em: 26 set. 2015.

_____. **Negociação internacional – Rondini comércio exterior**. 2007c. Disponível em: <http://solucaoconflitos.blogspot.com.br/2007/05/exemplo-6-negociao-internacional.html>. Acesso em: 16 jun. 2015.

NEGOCIAÇÃO e solução de conflitos. **O estilo de negociação de Hitler e de Gandhi em casos célebres.** 2007d. Disponível em: <http://solucaoconflitos.blogspot.com.br/2007/05/exemplo-10--0-estilo-de-negociao-de.html>. Acesso em: 10 jan. 2015.

_____. **Sequestro no Paraná.** 2007e. Disponível em: <http://solucaoconflitos.blogspot.com.br/2007/05/exemplo-9-seqestro-no-paran-esse.html>. Acesso em: 10 jan. 2015.

PAZ, S. Conflitos internos e a gestão dos recursos humanos. **RH.com.br**, 2009. Disponível em: <http://www.rh.com.br/Portal/Grupo_Equipe/Artigo/5683/conflitos-internos-e-a-gestao-dos-recursos-humanos.html>. Acesso em: 12 mar. 2015.

PORTAL ADMINISTRAÇÃO. **O modelo das cinco forças de Porter.** Disponível em: <http://www.portal-administracao.com/2015/05/as-cinco-forcas-de-porter.html>. Acesso em: 8 mar. 2015.

PORTER, M. **Estratégia competitiva**: técnicas para análise da indústria e da concorrência. Rio de Janeiro: Campus, 1980.

PROFESSOR CEZAR. **Estudo de caso ilustrado.** Disponível em: <http://www.professorcezar.adm.br/Textos/Administra%C3%A7%C3%A3o%20Estilo%20Coreano.pdf>. Acesso em: 10 mar. 2015

PRUITT, D. G.; RUBIN, J. Z. **Social Conflict**: Escalation, Stalemate and Settlement. New York: Random House, 1986.

ROBBINS, S. P. **Comportamento organizacional.** 9. ed. São Paulo: Prentice Hall, 2002.

ROBBINS, S. P. **Fundamentos do comportamento organizacional.** 8. ed. São Paulo: Pearson, 2009.

ROCKERT, L. **Negociação internacional**: aspectos comportamentais e culturais. Disponível em: <http://www.guiarh.com.br/p10.htm>. Acesso em: 10 fev. 2015.

RODRÍGUEZ, M. D.; SERRANO, G. **Negociación en las organizaciones**. Madrid: Eudema, 1993.

SILVA, J. R. **Empatia numa relação ganha-ganha.** 2008. Disponível em: <http://www.administradores.com.br/artigos/negocios/empatia-numa-relacao-ganha-ganha/20817>. Acesso em: 29 maio. 2010.

THOMAS, K. W. Conflict and Negotiation Processes in Organizations. In: DUNNETTE, M. D.; HOUGH, L. M. (Ed.). **Handbook of Industrial and Organizational Psychology.** Chicago: Rand McNally, 1992. p. 651-717.

WEEKS, D. **The Eight Essential Steps to Conflict Resolution**: Preserving Relationships at Work, at Home, and in the Community. New York: G. P. Puntnam's Sons, 1992.

Respostas

Capítulo 1

Questões para revisão
1) c
2) a
3) d
4) É desejável e não deve ser evitado, na medida em que possibilita identificar e solucionar problemas, além de estimular a competição sadia e a busca por soluções diferenciadas.
5) A interdependência ocorre quando um determinado grupo não consegue realizar tarefas a menos que o outro grupo realize a sua.

Questões para reflexão
1) Os conflitos podem desencadear mudanças pessoais, grupais e organizacionais e impulsionam o crescimento pessoal, quando o colaborador, ao buscar solucioná-lo, busca também desenvolver novas habilidades e competências. Além disso, o conflito gera inovação e produtividade, quando os colaboradores enxergam no conflito um estímulo competitivo entre diferentes grupos organizacionais.
2) Para a área de Recursos Humanos, é fundamental separar conflitos pessoais, emocionais, próprio de cada indivíduo, dos conflitos organizacionais, que refletem nos resultados da organização, embora os conflitos pessoais interfiram indiretamente no ambiente organizacional, quando o colaborador não consegue esquecer seus anseios e suas angústias no momento em que executa suas atividades. Os conflitos organizacionais também podem interferir no ambiente pessoal, quando o colaborador não consegue deixar no ambiente de trabalho os problemas existentes na empresa.

Capítulo 2

Questões para revisão
1) d
2) a
3) b
4) Resposta pessoal.
5) Ao deixar o processo fluir sem que haja intervenção, o gestor pode comprometer o processo produtivo, gerando perda de tempo e aumento de custos. Muitas vezes, um conflito que poderia ser funcional, se fosse bem gerenciado, acaba se tornando disfuncional. O conflito disfuncional, quando mal gerenciado, acaba por gerar desmotivação, indisposições permanentes e mal-entendidos sucessivos, provocando o desligamento ou remanejamento de um ou de ambos os colaboradores envolvidos, até que um ponto final seja colocado.

Questão para reflexão
Os conflitos geram **repercussão positiva** quando:

- servem como indicadores para analisar o que precisa ser melhorado;
- auxiliam o crescimento individual e organizacional;
- contribuem para que os objetivos e as metas sejam alcançados;
- estimulam a criatividade dos envolvidos;
- proporcionam a coesão entre as pessoas envolvidas, na medida em que se unem para obter uma resposta positiva.

Na realidade, o conflito, quando bem direcionado e em grau não tão elevado, mas insinuado no contexto organizacional, torna-se relevante.

Os conflitos gerados para instigar os envolvidos a buscar melhores resultados, estimulando a criatividade e a competição sadia entre as pessoas, são bastante positivos. Trazem resultados significativos à organização, elevando sua participação e a posição no mercado em que atua.

O grande diferencial nas organizações é o conhecimento dos colaboradores que dela fazem parte, entretanto, o grau de habilidade e competência das pessoas pode aumentar, dependendo do estímulo e do seu envolvimento nas ações das organizações. A competição originada por um conflito pode gerar a busca por soluções diferenciadas, oportunizando o crescimento da organização e do grupo nela envolvido.

Capítulo 3

Questões para revisão
1) d
2) b
3) a
4) b
5) e
6)
- **Objetivo**: Quais são os seus objetivos? O que você espera com a negociação? O que você imagina que a outra pessoa espera?
- **Foco**: Analise os pontos positivos e negativos para ambos os lados, a fim de atingir um objetivo comum. Pese os prós e os contras de ambos os lados.
- **Alternativa**: Analise suas alternativas: se você não conseguir um acordo entre os envolvidos, quais alternativas você tem? Quais as consequências e o grau de comprometimento se não chegar a um denominador? O que poderá ser feito?
- **Envolvimento**: Qual o grau de envolvimento entre as partes? Qual o grau de comprometimento que pode influenciar na negociação? Há algum problema oculto que possa comprometer a negociação de alguma forma?
- **Consequências**: Quais serão as consequências de se ganhar ou perder essa negociação? O que resultará de melhor e o que

poderá ser aceitável, ainda que não satisfatório?

Questão para reflexão
Alguns exemplos de respostas possíveis são:

Inteligência emocional
Negociar significa, entre outras coisas, o domínio dos sentidos e das emoções. Dominar suas emoções e saber colocá-las em prática, quando necessário, torna-se fundamental no processo de negociação.

Assertividade
Ninguém deve sentar-se para negociar sem ter certeza de suas convicções. Expor ideias de maneira consciente facilita o poder de persuasão, já que negociar também é convencer, de forma positiva, o cliente, trazendo-o para seu lado. Sem assertividade não há como ter êxito.

Bom senso
A negociação deve ser coerente, primando pelo bom senso. Desse modo, o negociador apresentará melhores condições de analisar o conflito, chegando a um resultado esperado.

Confiança
Nenhuma negociação se estabelece sem confiança. Negociadores que confiam em seus parceiros tornam-se mais verdadeiros. Uma vez estabelecida a confiança, os esforços conjuntos levarão a resultados positivos.

Empatia
É muito comum em negociações que as partes ou uma das partes ceda em algum momento, caso contrário, não há como ter sucesso, ou será uma negociação ganha-perde, na qual só um lado sairá satisfeito.

Pensamento sistêmico
Cada negociação é única, pois envolve elementos diferentes que se entrelaçam e se cruzam, caso contrário, não haveria negociação.

Resistência à frustração
Quando uma negociação não frutifica, as partes devem buscar novas chances de negócio,

sem se deixar abater. Não se para na primeira tentativa e, muitas vezes, não se chega a um consenso no primeiro momento.

Empoderamento
O negociador que, a cada negociação, se fortalece por ela e com ela, com o aval daquele que o acompanha, vai formando um conjunto de ideias para futuros negócios.

Circularidade
O que o negociador faz aqui, imediatamente se reflete nas suas outras interações. Daí o cuidado de estabelecer relações honestas e transparentes.

Orientação para resultados
Não se fala em negociar sem que haja objetivos e metas predefinidas. Desse modo, é preciso saber aonde se quer chegar para traçar o caminho adequado.

Timing
Existe um momento para agir. Se o negociador não tem essa percepção, a negociação não acontece e o processo "desanda".

Capítulo 4

Questões para revisão
1) c
2) a
3) d
4) b
5) Resposta pessoal.

Questão para reflexão
Respeito à herança cultural do país, seus costumes e valores, suas crenças e expressões; linguagem corporal, idioma, atitudes, leis, vestimentas.

Capítulo 5

Questões para revisão
1) b
2) b
3) a
4) c
5) Os mediadores não detêm poder para decidir questões ou propor soluções às partes. A conciliação acontece com a participação de um terceiro mais ativo e dinâmico, que

propõe sugestões que auxiliam na resolução do conflito.

Questão para reflexão
Dentre as vantagens da arbitragem estão: a confidencialidade, celeridade, árbitros *experts* na matéria, objeto do conflito, baixo custo de tempo e dinheiro.

Capítulo 6

1) c
2) a
3) c
4) c
5) Por se tratar de uma questão que envolve pontos de vistas pessoais, não há uma resposta única. Possível direcionamento: Há uma crise ética no Brasil. Todos os dias assistimos atônitos a situações e atitudes revoltantes envolvendo roubos milionários e vidas ceifadas por míseros trocados. Além disso, o próprio conceito de *ética* é usado com vários pesos e várias medidas diferentes. Ética não é somente algumas condutas a serem seguidas, mas uma postura de vida adequada para se viver em sociedade.
Segundo Matos (2014), há traços culturais em nossa realidade organizacional que exigem substancial revisão:

- Autoritarismo – concentração do poder, a dominação, a tendência à fragmentação (ilhas de poder nas organizações).
- Paternalismo – corrupção do poder, privilégios, assistencialismo opressor.
- Individualismo – competição predatória, egoísmo, falta de visão social.
- Consumismo – possessividade, canibalismo social, a ânsia de possuir sempre mais.

Questão para reflexão
O desenvolvimento científico-tecnológico tem levado muitas organizações a buscar de forma desenfreada o lucro econômico-financeiro à custa da necessária valorização real do homem, notadamente dos

indivíduos que nelas trabalham. Paradoxalmente, até mesmo organizações cujo lucro visado não é econômico-financeiro resvalam para isso. A cultura predominante nessas instituições caracteriza-se por considerar as pessoas meros recursos que devem contribuir para o alcance dos objetivos organizacionais. Relegam a abordagem sistêmica, que estuda o homem como uma totalidade e não apenas como um profissional cuja vida deveria se restringir ao ambiente de trabalho. O relacionamento interpessoal saudável, por exemplo, às vezes não encontra guarida no âmbito organizacional, gerando os mais diversos conflitos e, portanto, "desumanizando" as organizações. A desconsideração dos valores humanos e da ética também são exemplos de realidades "desumanizadoras" (Costa, 2001).

Sobre a autora

Viviane Maria Penteado Garbelini é bacharel em Biologia e licenciada em Ciências pela Pontifícia Universidade Católica do Paraná (PUC-PR), pós-graduada em Formação de Docentes e Tutores na modalidade a distância pelo Centro Universitário Internacional de Curitiba (Uninter), mestre em Educação pela PUC-PR e doutora em Engenharia de Produção pela Universidade Federal de Santa Catarina (UFSC).

Há mais de 26 anos atua como docente no ensino superior, ministrando aulas para a graduação e em programas de pós-graduação nas áreas pedagógica e administrativa, e há muitos anos é avaliadora institucional e de cursos do Ministério da Educação (MEC).

Atuou como coordenadora de pesquisa e extensão e coordenadora de cursos de graduação e de pós-graduação em diferentes instituições de ensino superior. Foi Coordenadora de Projetos Inovadores – Brasil/Espanha na Faculdade Esic (Escola Superior de Gestão Comercial e Marketing).

Também atuou como diretora de projetos em um centro universitário e como coordenadora pedagógica de cursos de graduação e pós-graduação na modalidade a distância da Uninter.

Atualmente, exerce a função de diretora acadêmica em uma instituição de ensino superior, assessorando a direção geral na gestão da instituição

Desenvolve trabalhos de pesquisa na área de projetos e de formação de professores e é consultora na área educacional.

Tem artigos publicados na área de formação de professores, educação presencial e a distância e também desenvolve materiais para a educação a distância.

Ministra aulas para a modalidade presencial e a distância em diferentes cursos nas áreas educacional, empresarial e ambiental.

Os papéis utilizados neste livro, certificados por instituições ambientais competentes, são recicláveis, provenientes de fontes renováveis e, portanto, um meio responsável e natural de informação e conhecimento.

FSC
www.fsc.org
MISTO
Papel produzido a partir de fontes responsáveis
FSC® C103535

Impressão: Reproset
Agosto/2022